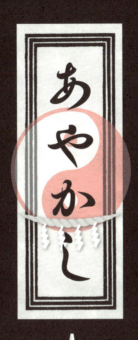

あやかし

宗教・伝承文化に隠された真理を
明らかにする

Shoko Takeyama
竹山正子

彩雲出版

あやかし——宗教・伝承文化に隠された真理を明らかにする

さあ
あなたの目で
しっかりと見るがよい
あなたの耳で
しっかりと聞くがよい
あやかしの世界を
しっかりと心に刻み込むがよい
一万一千年という
膨大な年月を費して行った大実験の結果を
あなたは今
その目で見ているのだ
その耳で聞いているのだ

あなたは
そこから何を学び
そこから何を得たのか
自分の胸に問うてみるがよい

もくじ

装丁／小室造本意匠室

はじめに

現在、私たちが世界中で目にしている格差社会。富は、ほんの、ほんの一部の人間が所有し、生きていくことさえ難しい多くの人々に使われることはありません。「パナマ文書」によって明らかになりましたように、税金逃れをして富を広く国民のために用いず、自分の利益しか考慮しない人々も増えています。このような人類の持つ傾向により、地域的、個人的な格差が生じているのです。

私たちが媒体を通して毎日のように目にしている、地球上での悲惨な出来事や理不尽な出来事は、このような人類の持つ傾向を背景としています。さらに経済的格差だけではなく、宗教の違いが人類社会をますます混乱させているのが現状です。人類のこのような傾向は短時間で生じたわけではありません。

ローマは一日にして成らず――といいます。人類の持つこれらの傾向も、「一日にして成らず」です。つまりローマと同様に、人類が遠い昔から行ってきた行為の積み重ねの結果なのです。一万一千年という長い年月にわたる人類意識の積み重ねが、人類の価値観を形成し、人類の心を歪《ゆが》め、現在の貪欲で混乱した人類社会を構築しているのです。この現実を、多くの方が憂《うれ》いているることでしょう。しかし人類社会から生き物社会（人類も含む）へと視野を広げてみてください。

かつての豊かな地球の自然は破壊され、多くの生き物が犠牲となっています。彼らは、貪欲で横暴な人類に文句を言うことさえできません。人類は生き物社会を、はなはだ大きな格差社会としてしまったのです。それは人類社会の格差を上回っています。

多くの山は植林によって杉や檜《ひのき》ばかりになり、本来あるべきはずの橅《ぶな》や楢《なら》や樫《かし》など、動物の餌《えさ》となる木の実を結ぶ樹木が激減しています。それに加えて、人間と野生動物の棲《す》み分けを守ってきた里山が開発され、里山にあった柿や木通《あけび》や栗なども姿を消しました。そのため、野生動物が人間の居住区まで餌を求めてやって来るようになりました。

丹精《たんせい》込めて作った農作物が荒らされるなど、人間は野生動物の被害に困っていますが、では、人間は野生動物たちの声を聞こうとしたことがあるでしょうか？　元はといえば、自然が長い年月をかけて造り上げた「棲み分け」を無視して、自然を人類の都合に合わせて造り変えてきたことに起因しているのです。

私は以前に、こんな話を聞いたことがあります。

神様が、地球に棲む動物たちからアンケートを取ったそうです。

「地球上の生き物のなかから一種類だけ除くとしたら、どの生き物にしますか？」

神様の問いに、動物たちは一斉に答えました。

「それは人間です」


この話の作者は知りませんが、生き物全体の目で見た客観的な推察だと思います。

私は二十年間、聖書や神話や民話などの伝承文化を独自の方法で研究してきました。それは同時に、私の自然に対する見方を変化させました。つまり、私の心を変化させたのです。

驚くことに、伝承文化は人類の歩みを誤導させることを目的の一つとして創作されました。誰が？　何のために？　この答えは本書を読むことで理解していただけると思います。

あやかし

生物の存在する意味

歴史を振り返ると、人類の様々な文明が栄枯盛衰を繰り返してきました。なぜ各々の文明は、滅びを避けることができなかったのでしょうか？　そこに、人類の陥った数々の罪を見ることができます。

地球に生命が誕生したのは約三十八億年前でした。海のなかで芽生えた生命は単細胞生物から次第に複雑に組織化していき、様々な形態の生物へと進化しました。それらのなかから陸に上がる生物が出現しましたが、そのためには、陸上で彼らを養う条件が整っていなければなりませんでした。彼らが生きていくための酸素や食物です。

地球環境は生物の進化とともに、荒涼とした不毛の地を進化させてきました。地球上に生物の生息範囲を広げるためには、豊かな自然を準備しなければなりません。生物は動物も植物も微生物も、この目的を実現させるために存在したと見ることができます。それと同時に、自らの安住の地を確保することができたのです。こうして最適な地球環境が整い始めた頃、人類の出現がありました。

人類は、人類以前に出現した多くの生物によって造られた、豊かな地球に招待されたのです。それは非常に幸せなことだったはずです。しかし人類は他の動物たちのように、いつまでも現状に満足しているわけではありませんでした。人類に備わっていた向上心が、さらなる安定を求めさせたのも無理からぬことだと思います。

しかし人類は、地球の自然が非常に長い年月をかけて造られた貴重なものであることを知りませんでした。人類として出現したときから、地球には豊かな自然が備わっていましたから、「有って当たり前」という認識だったのでしょう。人類は生活のために多くの木を伐採《ばっさい》して使いました。住まいのために、煮炊《にた》きのために、木は様々な場面で役立ったのです。

時代が進むにつれて、人類の生活様式が確立していきました。当然、多くの樹木が伐採され、伐採する木がなくなると、その居住地を捨て、新しい居住地へと向かいました。そしてまた、多くの樹木が伐採されることになったのです。こうして人類は、地球環境を荒廃させてきました。

古代文明発祥の地に砂漠や荒野が多いのは、人類の身勝手な歩みを示すものです。人類以外の生物で、これほどまでに地球の自然を破壊した生物を、私は知りません。そして、最高の身勝手さを表しているのが現代人ではないのでしょうか？

現代人は欲望をエスカレートさせ、権力や財力、軍事力を増大させてきました。その結果、地球の様々な地域で苦しみや悲しみの連鎖が続き、多くの人々の涙が流されています。

現在、人類の抱える問題の主要なものとして、テロとテロを生み出す社会環境（格差社会）や地球温暖化による気象の激変が挙げられます。これらは人類の歴史の積み重ね、言い換えるなら、人類文明の総決算といえるでしょう。

では、人類の歩みを誤導した原因は、いったい何だったのでしょうか？

善と悪

人類が善悪の概念を持ったのは、おそらく集落などで集団生活をするようになって以降のことでしょう。集団生活には秩序の維持が欠かせないからです。しかし権力者の出現に伴って、善悪の概念は様々な変化を見せ始めました。中世のヨーロッパではローマ法王は王よりも強い権力を持ち、聖書が人々の価値観を育て、善悪の概念を植え付けたのです。その点を、ホワイトが十九世紀後半に著した『科学と宗教との闘争』から見てみましょう。

「大地は平らな平板か円盤であり、空はその天井、円蓋《えんがい》、あるいは天蓋《てんがい》であり、その空は山脈を支柱としてその上に乗っている」

これは未開種族の間で見られた原始的観念の名残りです。原始的観念は時代とともに変化してきました。

文明が発達するにつれて、大地は球形だという観念が、特にギリシャ人の間で生まれ、なかでもピタゴラス派や、プラトン、アリストテレスがこの考えを抱いたそうです。ところが地球球形説は聖書にとっていろいろな危険をはらむものである――と、多くの宗教者は考えたようです。

この場合の善悪の規準は何でしょうか？　それは聖書です。

宗教者は聖書を「神の書」とし、絶対的権威を聖書に与えたのです。それは自分の立場を守ることでもありました。

中世ヨーロッパにおける地球球形説への攻撃は、聖書の様々な書（創世記、ヨシュア記、ヨブ記、詩編、伝道の書、イザヤ書）によってなされ、摩訶不思議な神学的宇宙論が誕生していったのです。

例えば、ヨシュア記10章12、13節をご覧ください。

「彼はイスラエルの目の前でこう言った。『太陽よ、ギベオンの上に静止せよ。月よ、アヤロンの低原に〔とどまれ〕』。すると、太陽は静止し、月もとどまり、ついに国民は敵に対する報復をしとげることができた。……太陽は天の中ほどにとどまり、まる一日ほどのあいだ急いで沈むことはなかったのである」

太陽や月を止めるということは、太陽や月が動いているからに他ならない……というわけです。

摩訶不思議な神学的宇宙論のなかでも代表的なものが、地球は宇宙の中心にあり、太陽と惑星とがその周囲を回っている——というプトレマイオスの説（天動説）でした。

プトレマイオスの天動説が力をふるっていた頃、ローマ大学の教授であったコペルニクスが天動説に異議を唱え、地球と惑星とが太陽の周囲を回転する——という地動説を公表し、『天体の回転について』という書物を書き上げました。しかしコペルニクスの死後、この書物は有罪であるとの判決が下され、人々はその判決を受け入れたのです。コペルニクスの地動説が真理であることは、ガリレオが望遠鏡で金星の満ち欠けを発見するまで待たねばなりませんでした。

ところが、です。ガリレオの発見は神を冒瀆《ぼうとく》するものと非難され、神学者や宗教者から異端視され、ガリレオは異端審問所に召喚されて有罪判決を受けたのです。残念なことに牢獄から出た後も彼に対する迫害は続きました。ガリレオに対する有罪宣告が取り消されたのは、百年以上もたった千七百五十七年のことでした。これは人類の考えた善と悪の規準が、当てにならないことを示しています。

聖書の解釈の仕方によって、人類は真理を封じ込め、正しい知識を持つことを「悪」であるとしたのです。ここに、聖書の言葉に操《あやつ》られた人類の愚かさが見えてきます。

あやかし

聖書の言葉をどのように解釈するかは、読み手の心によって決まります。もし宗教者が自らの組織を守る、つまり教理を守ることを優先し、聖書はそのための道具と考えたのなら、自らの立場を危うくする見解は排除しなければなりません。コペルニクスやガリレオは身勝手な宗教者や神学者たち、それに追随《ついずい》する支配者や多くの人々の犠牲となったのです。

もちろん、当時の解釈は現在では通用しません。人類の知識は時代の経過とともに正されてきたはずなのですが、心は歪《ゆが》み続けているように思います。地動説が正しい——と認識できたなら、その時点で聖書の言葉を鵜《う》呑《の》みにすることに疑問を抱いて然《しか》るべきです。しかし残念ながら、正しい知識は、歪んでしまった人類の心を変えるほどの力を持ってはいませんでした。権力者に追随することのほうが重要だったからです。

私が聖書の文字どおりの解釈に疑問を持ったのは、およそ二十年前のことです。例えば「神は愛です」と示された表現と、「異教徒に対する徹底的な殺害命令」という神性の矛盾が挙げられます。この点について宗教者は、「聖戦」という言葉を用いて神の正義を主張します。このような考え方が宗教的な衝突を引き起こし、多くの人々を戦争へと駆り立てるのです。

現在生じている戦争（衝突）の多くが宗教がらみであることを考えると、私は、信仰に対する理不尽さを感じずにはいられません。神の正義が殺戮《さつりく》という残虐な行為を、当事者のうちで正当化してしまうのです。

聖書の言葉は時には人類を成長させ、時には人類を蝕《むしば》んできました。そこにあるのは、言葉の持つ「あやかし」でした。「あやかし」とは怪《あや》しく、はっきりしないことを意味します。それで聖書は、読み手の心次第で様々な解釈を生み出すことができるわけです。つまり聖書は、神が人類を試すために備えられた書物でもあったのです。次の聖句をご覧ください。

「神の言葉は生きていて、力を及ぼし、どんなもろ刃の剣よりも鋭く、魂と霊、また関節と〔その〕骨髄を分けるまでに刺し通し、心の考えと意向を見分けることができるのです」（ヘブライ人への手紙4章12節）

「神は義なる方として心と腎《むらと》を試しておられます」（詩編7編9節）

「万軍のエホバは義をもって裁き、腎と心を調べておられます」（エレミヤ書11章20節）

腎《むらと》とは文字どおりには腎臓です。しかし神が医者のように腎臓を調べるわけではありません。腎臓は血液から不純物を取り出し、尿とともに体外へ排泄させる器官です。それで腎とは、人類の意識を正しく保つために行う、意識の精錬作用を意味します。

聖書を、自分の立場や利益を優先させて解釈するなら、その人の腎は機能していないことになります。また、腎を機能させるか否かは心が決定します。腎は、心なくして機能できません。それで神は、人々が聖書の言葉（記述）をどのように解釈して、その教えを守っているのかをご覧になるのです。それが、「心と腎を試す」という言葉の真の意味です。

では、神はいつ、人類の心と腎を試されるのでしょうか？

人類の腎が機能を始めるためには、人類が人類の有様を客観的に判断し、人類意識の誤りに気づくことが必要です。それで人類文明が、かつてないほどに地球を荒廃させている現在、人類は腎を機能させて意識変革をすべき時代を迎えたのです。神は今、人類の心と腎を試しておられることでしょう。

私の心は二十年ほど前、聖書を文字どおりに解釈することに耐えられなくなりました。「おかしい、何かおかしい……」という疑惑の声が、私の頭なかで繰り返し響いたのです。そうだからといって、聖書を無視することもできませんでした。私を引き付けて放さない「何か」が聖書にはありました。そのような状況下にあって私の目を引いたのは、次の聖句でした。

「そこで弟子たちが寄って来て、彼（イエス）に言った。

『例《たと》えを使って彼らにお話しになるのはどうしてですか』

『わたしが例えを使って彼らに話すのはこのためです。すなわち、彼らは見ていてもむだに見、聞いていてもむだに聞き、その意味を悟ることもないからです。イザヤの預言は彼らに成就しています。それはこう述べています。〈あなた方は聞くには聞くが、決してその意味を悟らず、見るには見るが、決して見えないであろう。この民の心は受け入れる力がなくなり、彼らは耳で聞いたが反応がなく、その目を閉じてしまったからである。これは彼らが自分の目で見、自分の耳で聞き、自分の心でその意味を悟って立ち返り、わたしが彼らをいやす、ということが決してないためである〉』」（マタイによる書13章10、13〜15節）

この聖句は、聖書の性質をよく示しています。「見ていてもむだに見、聞いていてもむだに聞く」とは、どういうことでしょうか？　それは、文字どおりの解釈では意味を成さない――ということです。

神は人類の心と腎《むらと》を試すために、聖書の記述に関して、様々な解釈を誘い出すようにされました。そのための手法が「例え」でした。例えによって書かれた話を文字どおりに解釈しても、それは例えでしかありません。だから「むだに見、むだに聞き、その意味を悟ることもない」のです。真理は決して見えません。

イエスが「例え」を用いて話されたのは、マタイによる書十三章に限ってのことでしょうか？もしそうであるなら、イザヤの預言は成就できません。しかし「イザヤの預言は彼らに成就しています」と書かれているとおり、人類は文字どおりの解釈を信頼しています。それで真理（イエスの教え）を見ることも聞くこともできないばかりか、そのような状態にある（欺《あざむ》かれている）ことさえも気づいていません。ただただ、「あやかしの言葉」を鵜呑《うの》みにし、「例え」によって表現された創作話の世界に迷い込んで、迷い子となっているのです。これはまさに現代人に成就しています。それも全人類を巻き込んでの成就なのです。そのためには、全人類を欺く必要があります。

全人類を欺くためには、マタイによる書十三章だけでは不可能です。それで私は次のように結論しました。

聖書は全巻を通して「例え話」であること、「例え話」は聖書に限らず、神話や民話を始めとする様々な伝承文化にも当てはまる――と。

私は、これら伝承文化が「例え話」という同様の手法で創作されていることに注目しました。それぞれの「例え話」は何を例えているのか、さらに「例え話」には何が秘められているのか？私は伝承文化に秘められているものこそが真理ではないか……と考えました。つまり伝承文化とは、「例え」を用いて、真理を様々な創作話に仕立て上げたものだったのです。

私は二十年にわたって、「あやかしの言葉」による創作話が、ひたすら隠し続けてきた真理を見出そうと努めてきました。そして伝承文化の表現（例え話）が、人類の心と脳の働き、つまり意識の世界での出来事であることに気づきました。そう考えれば、「異教徒に対する徹底的な殺害命令」は、人類の汚れた意識を異教徒に例えての表現だったのです。

これは、人類の汚れた意識を徹底的に取り除く必要を説いており、腎を機能させて意識を清めなさい――という神の命令なのです。このように解釈すれば、神の愛と矛盾しません。

伝承文化は例え話です。意識の世界の出来事を人類社会での出来事であるかのように仕立て上げるために、心や意識、意識を生じさせる脳を、「擬人法」を用いて人間や動物として登場させています。それで真理を教えたイエスは、真理そのものなのです。

さらに「例え話」の世界を表現するために、「同音異義語」が用いられています。私は「あやかしの言葉」のなかから「同音異義語」を見つけたことにより、真理の解明を進めることができました。例えば「意志《いし》」を「石」とし、「無志《むし》」を「虫」として表してあります。漢字ばかりでなく、カタカナ表記の「イスラエル」や「ユダ」、「エジプト」なども同音異義語による表現だったのです。「イスラエル」は「異巣裸得《イスラエル》」、「ユダ」は「油田《ユダ》」、「エジプト」は「得次夫《エジプ》（婦）人《ト》」と当てるのですが、真理が分からなければ、どの字を当てるのか見当もつきません。暗中模索の状態で試行錯誤を繰り返す日々の連続でしたが、そうしているうちに次第に真理が見えてきて、どの字を当てはめたらいいのかが分かってきたのです。

　同音異義語は暗号のようなもので、真理を解明する鍵のような存在です。私は同音異義語が万葉仮名《まんようがな》に似ていることに気づきました。万葉仮名とは万葉集に使われていることから命名されたものですが、一つの漢字を一つの音で読みます。アルファベットのように、ただ音の配列だけで漢字を連ねていき、漢字の持つ意味は度外視されています。

　例えば、「草」は「久佐《くさ》」と当てられたりしていますが、このようにすれば確実に言葉の意味を消すことができます。その逆に、音を頼りにすれば本当の意味を見つけることもできるのです。

　観世音菩薩（観音様）は世人がその名を唱える音声を観じて解脱させてくださるそうですが、そんなことはあり得ません。お名前を何回唱えようとも、その行為には意味がありません。

　観世音とは「世の音を観る」行為であり、「世の音」とは「人類社会に広まっている音信」を意味します。「観」は観察、観相、観想のように、ただ見ること以上の要素を含んでいます。そこには思考力が働いていなければなりません。

　観世音を聖書に当ててみましょう。現在、聖書は文字どおりに解釈されています。それで文字どおりの解釈が「世音」に相当します。では、文字どおりの解釈を観《み》る——とは何を意味していますか？　それは文字（あやかしの言葉）に秘められている真理を、思考力を働かせて見出すことを意味しています。それで、「見」ではなく「観」が用いられたのでしょう。救いを得たいのなら、他力ではなく自力が大切なのです。

「あやかしの言葉」の作用は宗教において顕著です。ユダヤ教、キリスト教、イスラム教、神道、仏教と、ほとんどの宗教が「あやかしの言葉」の支配下にありますが、そのなかで「海の彼方《かなた》」という「あやかしの言葉」について考える材料として、補陀洛国渡海《ふだらくこくとかい》を取り上げてみます。

和歌山県の那智勝浦町に補陀洛山寺がありますが、この寺ではその昔、僧が「海の彼方」にあるという補陀洛国を目指して、うつぼ舟と呼ばれる小舟に一人乗り、海へ漕ぎ出たそうです。補陀洛国は天竺《てんじく》（インド）にある――と信じたのです。「海の彼方」の補陀洛国に行くために、僧はうつぼ舟にたった一人で乗り、勝浦から出航しました。僧はひたすら「海の彼方」を目指して漕ぎ進めたのでしょう。

補陀洛国渡海で命を落とす確率は非常に高く、多くの僧が海の藻屑《もくず》となって消えていきました。これらの僧は渡海上人《とかいしょうにん》と呼ばれています。渡海という行為が、彼らの信仰表明だったのでしょう。彼らは聖人と見なされました。

しかしこの行為も、「あやかしの言葉」の間違った解釈による間違った行為でした。結局、信じてしまったら最後、自らの命を賭けてしまうのが信仰の怖さでしょう。即身成仏《そくしんじょうぶつ》（生きているままで仏になること）も同じようなものです。

補陀洛国は「海の彼方」にありますが、文字どおりの海ではありません。これも「例え」なのです。伝承文化に共通していることですが、人類の意識に真理（闇を照らす光）のない状態は「夜」、真理（光）が意識上に現れた状態は「昼」に例えられました。また夜の状態の意識は「海」とも表現されています。それで「海の彼方」とは海のずっと先、つまり人類の意識に真理が現れ、海（夜）の終わった状態を意味します。それは人類の意識が真理によって正されたことを示しています。人類のこの状態が補陀洛国に相当し、神の王国、天国、極楽ともいわれています。

「海の彼方」とは人類意識の表現ですが、聖書には「海の彼方」に存在する脳を「地の果て」と表現しています。「地」については後で説明しますが、「海の彼方」も「地の果て」も、人類が自らの力で救いを得ることを示しています。意識（海）と脳（地）の救いです。

また、イースター島には、あちこちに多くのモアイ像が「海の彼方」を見つめるように、つくねんと立っています。元々、モアイ像は真理の表現であり、子孫に真理を伝えるメッセンジャーであったのでしょう。たとえ真理のない闇の時代にあっても、未来（海の彼方）に出現する真理（光）を待ち望みなさい、希望を抱きなさい――と、モアイ像は語っているのです。

イースター島は小さな島ですから、希望の象徴としてなら、それほど多くのモアイ像は必要ありません。しかしなぜイースター島には、非常に多くのモアイ像が建造されたのでしょうか？それは島民が真理を忘れ、「あやかしの信仰」に走ったことを示します。

モアイ像が伝える真の意味を忘れた島民の信仰は、モアイ像を建造すれば救いが得られる——という「あやかしの信仰」にすり替ってしまったのです。

モアイ像建造のためには多くの材木が必要でした。モアイ像（あるいはモアイ像にする石）を移動するための「ころ」と「梃《てこ》」にする材木です。そのために島民は木を伐採し続け、島の豊かな自然は消えてしまったのです。島の自然を守るより、「あやかしの信仰」に生きることが、島民にとっては大切だったのでしょう。その結果、どうなりましたか？

島の自然を失ったことで島民は自給自足の生活に支障を来たし、島を捨てざるを得ませんでした。残されたモアイ像だけが、ただただ、真理の出現を待ち望んでいるようです。私はイースター島の悲劇が地球の悲劇とならないように願いながら、ペンを進めているのです。

現在の宗教（信仰）のほとんどが、媒体であるメッセンジャー（伝承文化）の真意を忘れ、形骸化しています。例えば、聖書の文字どおりの解釈によってシオニズム運動（神から与えられた約束の地に故国を再建する）を進めてきた自称ユダヤ人は、その地にいる人々を追い出しながらイスラエル建国を目指しました。そして今から六十九年ほど前の千九百四十八年に独立した国として認められたのです。その地は現在、イスラエルとパレスチナに二分されていますが、多くのパレスチナ難民が出現して苦しい生活を余儀なくされたのです。彼らとイスラエルは現在も戦争（衝突）を繰り返しています。これも「あやかしの信仰」による悲劇です。

宗教がらみの難民は、イスラム国の登場によって増加の一途をたどっています。そして難民を受け入れる国にも、新たな問題が生じています。それは自衛のために、自己本位にならざるを得ない状況を生じさせていることです。これらのことを考えると、「あやかしの信仰」が人類意識の破壊を進めてきた主要な原因であることが分かります。

「あやかしの信仰」は世界中に存在しています。沖縄にも、「海の彼方」に楽園がある――という伝説が残っています。これらは何を意味するのでしょうか？

真理によれば、一万一千年以上前の遠い昔、人類（縄文人）は真理を知っていたのです。当時の人々は真理を「あやかしの表現」で隠した創作話を次々と世に出しました。その代表的な作品が、聖書として編集された数々の書です。

私が二十年間にわたって真理の探究に没頭できたのは、同音異義語の存在に気づいたからです。同音異義語は、真理を「あやかし」に仕立て上げる秘密兵器でした。そして真理を「あやかし」

に仕立て上げることは、日本の言葉の表現を知っていなければ不可能です。

漢字は中国で誕生した――とされていますが、真理によれば、今から二万六千年前から二万四千年前までの間に、縄文人の先祖（原日本人）によって、「真理を表現する文字」として考案されています。日本では、かつては漢字を「真名《まな》」と呼んでいました。聖書によれば、エジプトを出て荒野をさ迷うイスラエルを養うため、神は食料のパンを天から降らせました（出エジプト記16章13～15節）。後にイスラエルは、このパンを「マナ」と呼ぶようになりました（同31節）。

この創作話は、縄文人の先祖の意識を養うため、神が縄文人の先祖を啓発したことを示します。それが「天からのパン」であり、後に縄文人の先祖は、パンを「マナ」と呼んだのです。「マナ」は「真名」の同音異義語で、真実の名（名とは他の意識と区別するためのもの）という意味であり、真理を表したものです。イエスも、このように言っています。

「わたしの父は、天からの真のパンをあなた方に与えておられるのです。天から下って来て世に命を与える者、それが神のパンだからです」（ヨハネによる書6章32、33節）

「イエスは彼らに言われた、『わたしは命のパンです。わたしのもとに来る者は少しも飢えず、わたしに信仰を働かせる者は決して渇くことがありません』」（同35節）

これらの「あやかしの表現」は、神がご自分の民となったイスラエルに真理を啓発し、意識を育てたことを示します。それでイスラエルとは縄文人の先祖の意識を指し、私たち日本人はイスラエル（意識）を受け継いでいたのです。同音異義語による手法は、日本民族の得意とした分野だったのでしょう。だから万葉仮名が生まれ、言葉遊びの語呂合わせが流行《はや》ったのです。

私がイスラエルを受け継いだ子孫の一人であることを理解したとき、私は「出エジプト」を開始しました。初めに紅海を渡ります。「紅海《こうかい》」は「後悔《こうかい》」を暗示し、これまでの人類意識を反省し、正しい意識を求めることを意味します。また、「紅」は精錬の炎を表す「赤」でもあります。それで紅海を渡ることは、私の意識（エジプト）の精錬を意味するのです。

「エジプト」とは「イスラエルを支配し奴隷としていた意識」ですから（出エジプト記1章13節）、世の中に広く行き渡っている真理のない意識（海）です。真理を見出すと「海」は「紅海」に変化します。世の中の意識を覆《くつが》えし、真理によって意識を正していくことを表します。その到達地点は「海の彼方」、「地の果て」にあります。そこで人類は神を賛美するのです。

「地のすべての果ては思い出して、エホバに立ち返ります」（詩編22編27節）

「地の果ては皆わたしたちの神による救いを見た」（同98編3節）

真理によれば、聖書を創作したのは約二万四千年以上前の縄文人の先祖なのです。この見解は一般的な常識から外れています。常識では、人類文明の始まりはメソポタミア文明だとされていますが、不思議なことにメソポタミア文明には完成する途上の形跡がありません。完成された文明として出現しているのです。完成された文明が突然出現するはずはありません。おそらくメソポタミア文明以前に、人類はすでに文明を築いていたのです。縄文文明も、その一つでしょう。

一万一千年以上前に生きた縄文人は神から啓発された真理を自分のものとし、人間としての正しい意識を完成させていました。私たちが教えられてきた縄文人とは全く別の姿の縄文人です。彼らはその精神を、非常に長い期間を通し維持し続けていました。だから日本列島は高度な文明があったにもかかわらず、豊かな自然環境を保つことができたのです。

弥生時代に入ると、大陸から、朝鮮半島から、続々と渡来人がやって来ました。それ以降、縄文人の心は変化を来たし、「例え話」を鵜呑みにするようになりました。それにより、彼らの意識から真理は消えていったのです。その結果は今日《こんにち》の有様が示すとおりです。

現代人は「あやかしの言葉」によって育まれた意識により、悪戦苦闘の毎日に身をやつしています。それも全人類に見られる傾向です。これは過去に、「あやかしの言葉」のグローバル化が行われた結果なのです。ではこの真理を、聖書ではどのような「例え話」に仕立ててあるのでしょうか？

バベルの塔

「さて、全地は一つの言語、一式の言葉のままであった。そして、東に向かって旅をしているうちに、人々はやがてシナルの地に谷あいの平原を見つけて、そこに住むようになった。そして、彼らは各々互いにこう言いだした。『さあ、れんがを造り、焼いてそれを焼き固めよう』。それで、彼らにとってはれんがが石の代わりとなり、瀝青がモルタルの代わりとなった。そうして彼らは言った、『さあ、我々のために都市を、そして塔を建て、その頂《いただき》を天に届かせよう。そして、大いに我々の名を揚《あ》げて、地の全面に散らされることのないようにしよう』。

それからエホバは、人の子らの建てた都市と塔とを見るために下って来られた。その後エホバは言われた、『見よ、彼らは一つの民で、彼らのすべてにとって言語もただ一つである。そして、このようなことを彼らは行ない始めるのだ。今や彼らが行おうとすることでそのなし得ないものはないではないか。さあ、わたしたちは下って行って、あそこで彼らの言語を混乱させ、彼らが互いの言語を聴き分けられないようにしよう』。

こうしてエホバは彼らをそこから地の全面に散らし、彼らはその都市を建てることからしだいに離れていった。それゆえにそこの名はバベルと呼ばれた。そこにおいてエホバは全地の言語を混乱させたからであり、エホバは彼らをそこから地の全面に散らされた。」（創世記11章1〜9節）

まず、この「例え話」を真理に変えるためには、「創造の七日間」という考え方を知らなくてはなりません。創造の七日間は、神が天と地を七日間をかけて創造していく様が記されています（創世記1章1節〜2章4節）。文字どおりに解釈すれば、宇宙創造の話です。しかしこの話も、日本民族の意識と脳に生じる現象なのです。

創造の七日間とは、神による人類の調整が七回繰り返され、人類に「天（山）」と「地」が出現し、神が七日目を祝福されることを表現したものです。神は人類の意識と脳を、自然の現象を用いた独自の方法で七回調整されます。その調整期間は約二千年です。そしてその後の一万一千年が過ぎると、二回目の調整をされるわけです。この繰り返しが七回行われます。

調整期間の二千年と、その後に続く一万一千年を合わせた一万三千年が、創造の一日です。それで創造の七日間は、一万三千年の七倍の九万一千年間をかけて行われてきました。詳細は『誤解の効能』（文芸社）に説明してあります。

九万一千年前といえばクロマニヨン人（現世人類）の時代です。クロマニヨン人以前から存在していたネアンデルタール人は、クロマニヨン人と入れ替わるように姿を消していきました。ネアンデルタール人は本能によって生き、クロマニヨン人は思考力を使い始めた最初の人類でした。彼らは狩猟や生活の仕方をより便利に工夫するようになりましたが、残念なことに思考力を自らのためにだけ使い、地球を愛するという、生物に備わっている本能を見失っていきました。そして地球の平和を脅《おびや》かす存在になったのです。それで神は、クロマニヨン人に意識の調整を施すために脳を変化させ、真理の啓発を与えられました。神の調整が始まったのが創造の一日目、今から九万一千年前でした。それから六万五千年がたちました。

創造の六日目を迎えると、縄文人の先祖となったクロマニヨン人（以降、人類とします）は、真理を表現する文字（真名《まな》）を発明して真理を完成させました。それにより、縄文人の先祖は神のご意志に従うことができたのです。このことが、縄文人の先祖の意識を「神の民イスラエル」に例えた所以《ゆえん》です。神は、縄文人の先祖を依怙贔屓《えこひいき》したわけではありません。

創造の六日目、縄文人の先祖は脳を完成させ、完成させた脳は「山」や「天」に例えられました。「山」や「天」が「地」より高いように、完成させた脳は未完成の脳（地）より高い機能を有したからです。加えて、完成させた脳には神の啓発がありました。つまり、脳に神が宿られたのです。そのために「天」と表現されています。

事前準備はこれくらいにして、真理の解明に入ります。細かく分けて考えてみましょう。

・全地は一つの言語、一式の言葉のままであった

創造の六日目、神の調整を受けている二千年の間に、縄文人の先祖は「真理」という一つの理解、つまり「一つの言語」を完成させました。この時点での真理は知識の状態です。「一式」とは「それについての全部」を意味します。それで「一式の言葉」とは、啓発された真理を余すことなくすべて、真名《まな》（言葉）を用いて表現できていることを示します。

しかし神の調整期間が終了すると、縄文人の先祖のなかに変化を来たす者が現れました。それが「全地」です。「地」は未完成の脳を例えたものですから、「全地」とは、縄文人の先祖のなかに脳を「地」に低下させた者たちが現れたことを示し、それらすべての者を指しているのです。

現代人にも個人差があるように、縄文人の先祖にも個人差がありました。それが、神の調整期間を出ることによって表面化したのでしょう。彼らの心の在り方に原因があったのです。「全地」とは縄文人の先祖のなかに存在する「すべての未完成の脳」のこと、それは未完成の脳を持ったすべての先祖を指しています。そしてこれらの者も知識として真理を知っていたので、「全地は一つの言語、一式の言葉のままであった」と表現されています。

・東に向かって旅をしているうちに

「東」とは地球の自転方向です。地球は二十四時間かけて一回転します。それで「東に向かって旅をする」とは距離の移動ではなく、時間の経過を意味します。それは未完成の脳を持った縄文人の先祖の上に、時が過ぎていったことを示します。つまり、創造の七日目に向かって時代が進行していったことを表現しているのです。

「旅をしているうちに」とは、創造の七日目への旅の途中であることを意味します。それで彼らは未だ、創造の七日目に到達していないことが分かります。

・人々はやがてシナルの地に谷あいの平原を見つけ

「人々」とは擬人法による表現です。真理はあくまでも意識の世界を表現したものですから、「人々」とは未完成の脳を持った縄文人の先祖の意識に相当します。

「シナル」とは、同音異義語の「師成る《シナル》」を当てます。「師成る」とは、何を意味するのでしょうか？　この説明をするために、今一刻の間、未完成の脳を持った縄文人の先祖から離れてください。

―・―・―・―

「師」とは人類を正しく導く立場にあることを示します。師とは普通なら人間がその立場に就くのですが、これも擬人法による表現です。神は人類を導くために真理の啓発を与えられ、縄文人の先祖は真理を知識として完成させました。ところが完成した脳を持つ縄文人の先祖（以降は縄文人とする）は時代が進むにつれ、真理を意識に成長させてきました。縄文人の持っていた真理に対する愛が知識を意識へと成長させ、縄文人は真理を自分の「思い」としていました。

　それらの縄文人は、真理と一致した言動を取ります。つまり真理と一致した生き方に徹するでしょう。その生き方は周囲にも影響を与えます。そして多くの縄文人が、その生き方を見習って後に続いたのです。こうして多くの縄文人が真理の意識化に成功しました。「師」とは意識化した真理を指します。「師」は「山」にいるわけです。では、未完成の脳（地）の縄文人に戻ります。

——・——・——・——

「地」の縄文人は「シナルの地」にやって来ました。「師」は山にいるはずなのに、師がなぜ「地」にいるのでしょうか？　それは、縄文人には「山」もいたし「地」もいたのです。ただその時代に師の出現があったので「師成る《シナル》」と表してあります。そして「地」の縄文人も「山」の縄文人を通して、「師」を見ていたのです。つまり「地」の縄文人は、「山」の縄文人の生き方を見ていたのです。

「谷あいの平原」は「シナルの地」で見つけましたから、未完成の脳（地）に生じた「何か」です。図1は創造の六日目から七日目を通しての脳の推移を表したものです。〔イ〕は、創造の六日目から七日目までを直線で表してあります。この直線に、縄文人の脳の推移を重ねてみましょう。〔ロ〕は完成した脳の推移、〔ハ〕は途中で挫折して未完成となった脳の推移です。

図　1

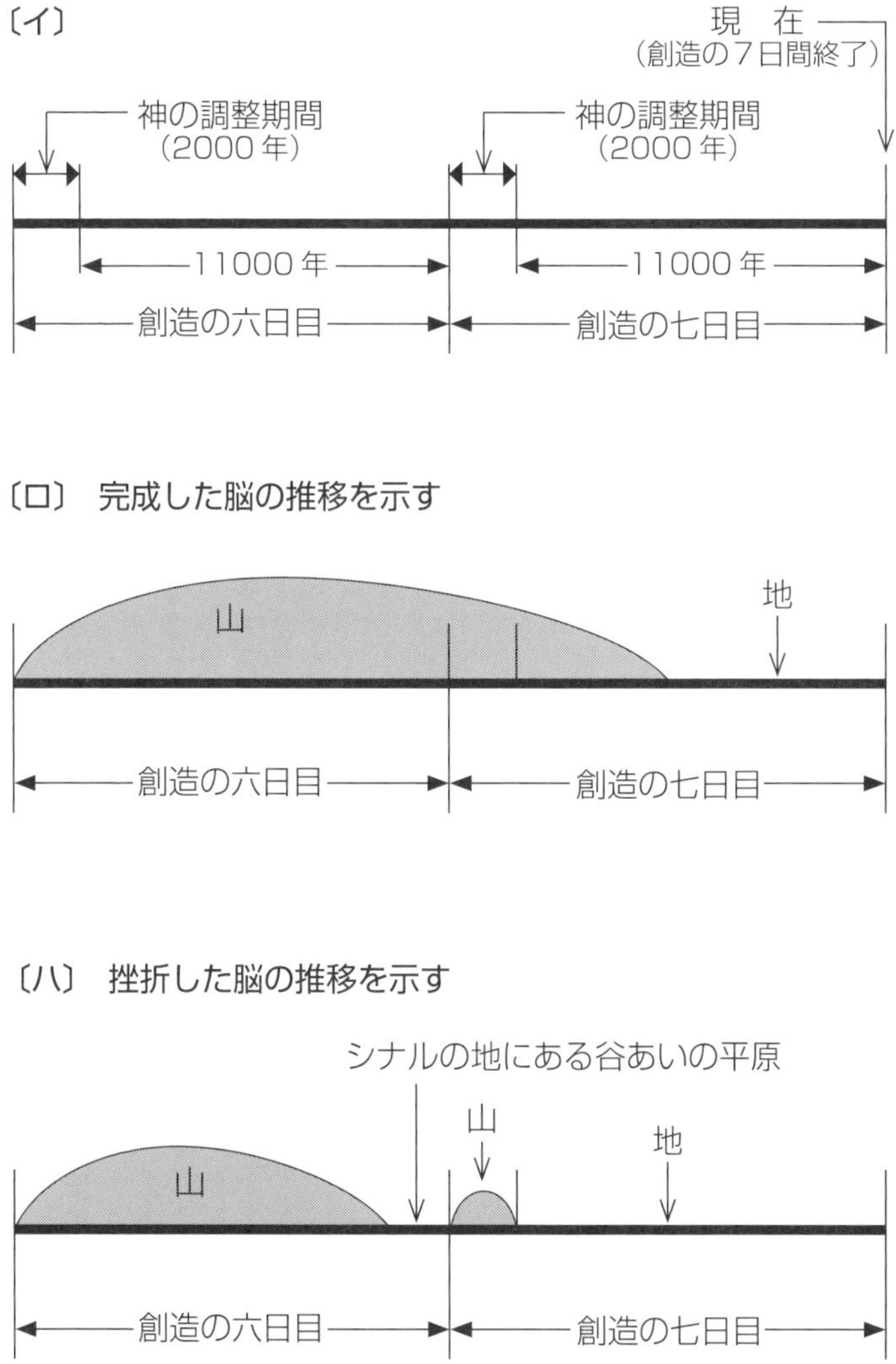
〔イ〕
現　在
（創造の７日間終了）
神の調整期間
（2000 年）
神の調整期間
（2000 年）
11000 年
11000 年
創造の六日目
創造の七日目
〔ロ〕 完成した脳の推移を示す
山
地
創造の六日目
創造の七日目
〔ハ〕 挫折した脳の推移を示す
シナルの地にある谷あいの平原
山
山
地
創造の六日目
創造の七日目

創造の六日目、神の調整が施されると、すべての縄文人の脳は完成して「山」となりました。二千年がたち、神の調整期間が終了しましたが、多くの縄文人は「山」を維持し続けることができたのです。彼らは真理の意識化（師成る《シナル》）に成功しました。彼らの「山」は創造の六日目から七日目の途中まで続きます。それが〔ロ〕です。

〔ハ〕は、創造の六日目の途中で「山」が「地」に変化しています。これは縄文人が脳を退化させていることを示します。縄文人は「山」と「地」の二つに分かれ、以降、縄文人の間で対立を生じさせていきます。

「人々」とは「地」の縄文人の意識です。意識が「谷あいの平原」を見つけるわけではありません。「地」が「谷あいの平原」に変化したことを表します。それは時が過ぎ、創造の七日目に近づいていることを意味するのです。

創造の七日目に神の調整を受けると、「地」の縄文人も「山」となります。図1の〔ハ〕を見てください。六日目の「山」と七日目の「山」が二つ並び、その間に谷ができます。そこが「谷あいの平原」です。

・そこに住むようになった

「そこ」とは「谷あいの平原」となった縄文人の脳です。「住むようになった」とは、彼らの意識が彼らの脳にしっかりと刻まれた（住人となった）ことを示します。以降は「谷あいの平原」を「窪地」とします。

「窪地」の縄文人は、日毎、「山」の縄文人の生き方を通して「師」の教えを受けていたにもかかわらず、彼らの意識が変わることはありませんでした。神よりも自分を高める道を選んだのです。つまり彼らには奢《おご》りの精神が生じ始めたことが分かります。この奢りの精神は、彼らを増長させていくことになります。彼らは自分たちの生き方を、次のように語っています。

・れんがを造り、焼いてそれを焼き固めよう。彼らにとってはれんがが石の代わりとなり

「れんが」は「石」の代わりです。石は同音異義語の「意志《いし》」で、「山」となっている縄文人の意志です。それは真理に付き従う意志のはずです。「窪地」となっている縄文人には、そのような意志（石）がありません。それで彼らは「れんが」を造るわけです。「れんが」は「石」に代わるものですから、「窪地となっている縄文人の意志」に相当します。彼らはそれを「焼き固め」ます。

それは、彼らの意志が強固なものであることを示します。

・歴青がモルタルの代わりとなった

「モルタル」は石（意志）の接着剤として使用します。つまり真理に従おうとする縄文人の意志が離れないように、しっかりと繋ぎ止めてくれるものを意味します。そして、それは「心」です。

「瀝青」はモルタルの代わりですから、脳が窪地となっている縄文人の「心」に相当します。つまり双方の縄文人は、自らの意志を強固にする相反する心を持ったことを示します。

・我々のために都市を

「我々」とは脳が窪地になっている縄文人の意識です。彼らは「都市」の建造に取りかかります。都市は人工的環境であり、自然環境に相対しています。これを意識の世界に当てはめると、意識を生じさせる人工的要素と自然的要素、つまり思考力と本能です。

窪地の縄文人は思考力を高めることで、本来あるべきはずの本能を弱めていったのです。彼らのその状態が「都市」に相当します。

・塔を建て、その頂きを天に届かせよう

「塔」は高いので目につきやすい存在です。遠く離れていても見えることから、「象徴」を意味します。強力な思考を持った彼らは、自分たちの意識を象徴するものを欲したのです。彼らは何を象徴としたのでしょうか？　彼らは何と、聖書の「例え話」を象徴にしたのです。それはどのようになされたのでしょう。

都市を建てた彼らは、心のバランスを崩していました。彼らの心は真理を愛することよりも、自分の欲望を募《つの》らせてしまったのです。栄光を求めるためなら、背教の道も喜び勇んで歩きました。

彼らは背教者となったのです。

彼らは「例え話」を真理にすり替え、聖書を「山」の縄文人から奪おうと企みました。これが「塔を建てる」ことです。そのために彼らは、脳が「天（山）」の縄文人を説き伏せようとしたのでしょう。それが「頂きを天に届かせ」る行為です。「頂き」とは塔の天辺です。彼らは「例え話」を真理にすり替えることで、塔（例え話）を天の意識にしようとしたのです。

「東に旅する」間の背教ですから、時間はタップリとあったはずです。背教は幾世代にも渡ったことでしょう。

・大いに我々の名を揚《あ》げて、地の全面に散らされることのないようにしよう

「我々の名を揚《あ》げて」とは、「例え話」のほうが真理である——という真理のすり替えを行ったことを示します。「地の全面」とは、全人類を表します。なぜここで「地の全面」が出てきたのでしょうか？

彼らが背教に走ったのは、神の調整期間外のことでした。このときに「山」となっていたのは縄文人だけでしたから、それ以外の人類はすべて「地」であり、「地の全面」です。

縄文人は完成した脳と真理によって、一際優れた文明を築いていました。それは地球のなかで際立っていたと思います。それで背教者は日本列島で「名を揚げ」ることにこだわったのです。

「地の全面」を持ち出したのは、聖書の「例え話」が縄文人だけに留まらず、人類全体へと広がっ

て行く時代を迎えたからです。「地の全面」は人類全体を意味します。「全地」と「地の全面」の違いに注意してください。

背教者は日本列島で「名を揚げて」、その頂点に君臨しようと企んだのです。ですから「地の全面に散らされる」ことは、どうしても避けねばなりませんでした。そのために「山」の縄文人に熱心に背教を勧め、「例え話」が真理であることを彼らに認めさせたかったのです。そうなれば、「山」である彼らは「天」ですから、塔（例え話）の頂きが天に届くわけです。

・それからエホバは、人の子らの建てた都市と塔とを見るために下って来られた

「都市」とは思考（人工的要素）に走って本能（自然的要素）の働きを鈍くした背教者の脳、「塔」は背教者の意識の象徴となった「例え話」を表していました。彼らの脳と「例え話」を見るためにエホバが下って来られた――とは、何を意味するのでしょうか？

背教者は創造の七日目の調整期間に入ったのです。それで真理の啓発を受けることが、「エホバが下って来られた」と表現されています。

「窪地」であった背教者の脳は「山」に変化しました。それに加えて真理の閃《ひらめ》きを得た彼らに、いったい何が起きたのでしょう？

・彼らは一つの民で

背教者が一致団結していることを「一つの民」と表現しています。「名を揚げる」という強い野心が、背教者たちを団結させていたのです。

・彼らのすべてにとって言語もただ一つ

背教者は同じ縄文人であり、熱心に背教を勧める同志でもありました。当然、同じ意識で結ばれていますので、「彼らのすべてにとって言語もただ一つ」だったのです。言語とは「例え話」の理解の仕方、つまり解釈です。

・彼らの言語を混乱させ、彼らが互いの言語を聴き分けられないようにしよう

「一つの民」「一つの言語」で一致団結していた背教者に変化が生じました。「言語の混乱」です。彼らが真理に立ち返ることはありませんでしたが、「例え話」の理解の仕方（解釈）が異なり始めたのです。それが「言語の混乱」を意味し、お互いに理解し合うことが困難になりました。つまり「互いの言語を聴き分けられな」くなったのです。

・都市を建てることからしだいに離れていった

お互いに理解し合えなくなったため、背教者たちの一致団結に亀裂《きれつ》が生じました。それと同時に、天に届く塔を建てる――という目的が消えていったのです。自分たちの挫折により、悪知恵を考え出す必要もなくなりました。それが、「都市を建てることから離れていった」ことに相当します。

目的を失えば熱意も消えていくのです。

・彼らをそこから地の全面に散らされた

神の調整期間中に分裂した背教者たちは、それぞれが自らの理解を明確にしていったと思います。そして水面下で背教を説いていたのかもしれません。しかし、「山」の縄文人が彼らに耳を貸すはずはありません。「山」の縄文人はますます真理に燃え、背教者に付け込む隙を与えなかったのです。

背教者たちは日本列島に、自分たちの居場所を見つけることができませんでした。だからといって、そのまま引っ込んでいる彼らでもありません。背教者はそれぞれの解釈を持って、「そこ」である日本列島を出て「地の全面」に散って行ったのです。

この出来事は神の調整期間中であったため、背教者といえども脳は「山」となっていました。しかし彼らの意識に師（真理）は無く、その脳は「師無山《シナイサン》」と表現されました。「山」の縄文人と背教者は、ガラテア人への手紙4章22節で「自由の女」と「下女《げじょ》」に対比されています。同じ24～26節をご覧ください。

「この〔女〕たちは二つの契約を表しているからです。一方はシナイ山（師無山）から出ていて、奴隷となる子供たちを生み出すもの、すなわちハガル（下女）です。そこで、このハガルは、アラビア、ビアにある山シナイを表し、今日《こんにち》のエルサレムに当たります。彼女は自分の子供たちと共に奴隷の身分にあるからです。それに対し、上なるエルサレム（「山」の縄文人）は自由であって、それが私たちの母です」

背教者は「下女（ハガル）」とも「シナイ山」とも「今日のエルサレム」とも表現されています。「今日のエルサレム」とは、背教者が偽りの意識の発信源となって人類を誤導していることを示します。「奴隷となる子供たち」とは背教者（母）が生み出した宗教（子）を指し、母子ともどもに「あやかしの言葉」の奴隷であることを明らかにしています。そして「子供たち」である宗教は、現代に至るまで、「上なるエルサレム」を踏みにじってきました。

「アラビア」は荒非吾《アラビア》と当てます。「吾《われ》」とは人間としての正しい知識を持ち、自我を完成させた「山」の縄文人に当てはまります。荒非吾は荒れて吾（山）に非ず――であり、脳を「地」に低下させた背教者を表します。それで、「アラビア」も「シナイ山」もともに背教者を示し、「アラビアにある山シナイ」は意味不明です。おそらく「アラビア」は、背教者の活動域を表していると思います。

「山」の縄文人は日本列島で活動し、背教者はアラビアで活動したのです。背教者のその状況が、「アラビアにある山シナイ」と表現されたと考えられます。

背教者は同時に、高度な縄文文化も伝えたはずです。アラビアは古代文明発祥の地です。背教者の伝えた文化は、それぞれの地で独自色を表していき、古代文明の開化へと繋がっていったのでしょう。

古代の聖書写本が中東で発見されたことも、縄文人の背教者が「背教」と「聖書」を広めた証拠です。縄文人の文字、真名《まな》は中国にも伝わり、漢字の誕生に繋がったと思います。エジプトのギザにあるピラミッドを建造したのも背教者だったのかもしれません。エジプトもギザもピラミッドもすべて真名だからです。

真理を蔑《ないがし》ろにする背教者には、自然を大切にする、という精神がありません。そのような背教者から宗教や文化を学んでいたなら、古代文明発祥地の砂漠化や荒野化も、「やっぱり……」と頷《うなず》けるのです。

世界に文化をもたらしたのは縄文人の背教者であり、世界に災いの種を蒔《ま》いたのも背教者だったのでしょう。背教者の行為が将来にどのような結果を生じさせるのか、「山」の縄文人は気づいていました。彼らはその対策として、恐ろしいほどに大胆な行動を取ったのです。

信仰は山をも動かす

「あなた方に真実に言いますが、からしの種粒ほどの信仰があるなら、この山に、『ここからあそこに移れ』と言うとしても、それは移るのであり、何事もあなた方にとって不可能ではないのです」

（マタイによる書17章20節）

さて、あなたはこの聖句をどのように解釈しますか？ おそらく多くの方が「バカ言うな」と相手にしないでしょう。しかし宗教を信じている方は文字（あやかしの言葉）どおりに解釈し、信じることが奇蹟を起こすのです。それが信仰なのです――と言われるでしょう。しかし、そのような信仰は「あやかしの信仰」なのです。では、この聖句に隠されている真理は何でしょうか？

『バベルの塔』の項で覚えていただけたと思いますが、「山」は縄文人の脳を表しました。山が地より高いように、縄文人の脳は完成され、優れていたからです。では、縄文人の脳を「ここから、あそこに移す」とは、どういう意味でしょうか？

縄文人は、背教者が広めてしまった偽りの真理に対する秘策として、「山を移す」決心をしたのです。世界中に広まった信仰は、たとえ縄文人でも、どうすることもできないからです。信仰とは、そういうものです。そこで縄文人は、この事態をチャンスに変えました。偽りの精神が、人類社会や地球にどのような結果をもたらすのかを、全人類に体験させるのです。

人類全体、否、地球の自然界も巻き込んで行う大実験ですが、自らにはさらに過酷な策を講じました。それが、「山を移す」ことです。

二万六千年前から、実験を開始した時点（二万一千年前）までの一万五千年間、縄文人は完成した脳を機能させていました。それが、「ここに存在する山」に相当します。この山を「あそこ」に移すためには、「ここにある山」を一旦消さなければなりません。つまり縄文人は承知の上で完成した脳（山）を崩壊させ、退化した脳（地）にしようとしたのです。人類全体で行う大実験に自分たちの存在がリスクになる――と考えてのことだと思います。

脳を「地」にするために、そして実験をより正確にするために、縄文人は真理に関するあらゆるものを徹底的に処分したのです。貴重な書物や文書、縄文文明の資料など大量の記録物が炎に呑まれたことでしょう。聖書が日本列島に残っていないのは、このためだったのです。縄文人は徐々に意識を低下させ、「双子座」の時刻の途中で、「ここにある山」は消え始めました。

縄文人はすでにいませんから、山を「あそこに移す」のは、縄文人の子孫である私たち日本人の役目です。つまり、現在生きている私たちが、「山」を甦らせるわけです。「あそこ」とは、現代を指しているのです。私たちは縄文人の期待を裏切ることはできません。

縄文人は「あそこ」に存在する子孫が必ず真理を見出し、「山」を移すことを真理によって理解し、それを信じました。それが縄文人の信仰であり、「信仰は山をも動かす」ことになるのです。

縄文人の信仰が非常に優れたものであったことは、ヨハネへの啓示6章12節から7章17節に書かれています。そこには第六の封印が開かれて見えたこと、つまり創造の六日目に生じる出来事が明らかにされています。

「天」となっていた縄文人のうちの一部が「地」に低下したこと。背教の嵐の最中《さなか》に、一万二千人の縄文人が信仰を保ったことが明らかにされています。彼らは「大患難から出て来る者たち」と描写され、当時、背教活動が活発であったことを示します。

「これは大患難から出て来る者たちで、彼らは自分の長い衣を子羊の血で洗って白くした」（ヨハネへの啓示7章14節）

「長い衣」とは遺伝子を表します。「子羊の血」とは何でしょうか？「血」は「子羊」から生じます。羊は真理（意識）を表しますので、「子羊」とは真理が知識の状態に留まっていることを示します。「血」は同音異義語の「地」を当ててください。もうお分かりですか？「子羊の血」とは背教者を意味するのです。

背教者は真理を知識として知っていました。これが「子羊」です。しかし真理への愛が欠けていたため背教に走り、彼らの脳は「地」となりました。これが「子羊の血」であり、背教した縄文人を表しています。

「山」であり続けた縄文人は、背教者の執拗な説得を受けながらも、真理を固く守りました。背教は神の調整期間外に生じましたが、縄文人は「大患難」に遭うことで、却《かえ》って真理への愛を強めたのです。そして強化された彼らの意識が、彼らの遺伝子（長い衣）を清め（洗って白くした）、彼らの脳を「山」であり続けさせたのです。

では、大患難から出て来た縄文人が一万二千人であることを説明しましょう。それは「証印を押された者たち」から分かります。

「そしてわたしは、証印を押された者たちの数を聞いたが、それは十四万四千であり、イスラエルの子らのすべての部族の者たちが証印を押された。

ユダの部族の中から一万二千人が証印を押され、ルベンの部族の中から一万二千人、ガドの部族の中から一万二千人、アシェルの部族の中から一万二千人、ナフタリの部族の中から一万二千人、マナセの部族の中から一万二千人、シメオンの部族の中から一万二千人、レビの部族の中から一万二千人、イッサカルの部族の中から一万二千人、ゼブルンの部族の中から一万二千人、ヨ

セフの部族の中から一万二千人、ベニヤミンの部族の中から一万二千人が証印を押された」（ヨハネへの啓示7章4節～8節）

イスラエルの十二部族は、人類の持つ十二本の遺伝子を表します。人間一人につき、十二部族が存在しているのです。そして十二部族のすべてにおいて、一万二千人に証印が押されていることは、一万二千人の縄文人が証印を押されたことを意味します。一万二千人の縄文人はそれぞれ十二部族を抱えていますから、「証印を押された者たちの数」は、一万二千に十二を掛けた十四万四千と示されています。

縄文人には、一万二千の「山」があり、十四万四千と示されました。この一万二千の「山」が現代に甦って来るのです。つまり私たち日本人のなかから一万二千人の人間が、「山」を甦らせることになるでしょう。

「またわたしが見ると、見よ、子羊がシオンの山に立っており、彼とともに、十四万四千人の者が……〔立っていた〕」（同14章1節）

これはこれから生じる出来事です。「シオンの山」とは「師音《シオン》の脳」、つまり、「真理《イエス》（師）を出現させた脳」を表し、そこに「子羊」が立っています。子羊とは真理（知識）ですから、「シオンの山」が真理を公にしていることを意味します。そして共に存在する「十四万四千人」を明らかにしています。十四万四千は、一万二千人の人間を表します。それは縄文人の「山」が、そのまま現代日本人に再現され、現代における「天」の出現を表しているように思います。

さて、現代人が「山」を移すためには、縄文人の先祖が隠した真理を、「あやかしの言葉」から見出す必要があります。もし、創作話に矛盾点や理不尽さがなかったら、現代人は創作話に違和感を覚えることはできません。さらに、違和感を覚えなければ真理の発見もないのです。

だからといって、創作話が出鱈目《でたらめ》なものであったなら、その創作話はすぐに消えてしまいます。そのため、創作話を二万六千年の長期にわたって存在させるための「何か」が必要でした。それで創作話を「神の言葉」として位置づけ、貴重な存在に仕立て上げたのです。しかし、そのお陰で、私たちは聖書から真理を見出すことができるのです。

現在と過去が、お互いに協力し合っているようです。それも絶妙な間合いを保ちながらです。

縄文人の先祖が聖書として編集されている数々の書を記したのは、創造の六日目に神からの調整を受けたときですから、二万六千年前から二万四千年前までの二千年の間です。そして背教は創造の七日目が始まる少し前ですから、一万四千年前だとしましょう。縄文人が真理を封印したのは一万一千年前のことです。そして現在、真理は甦ってきました。これら出来事のタイミングがいいのです。

聖書の創作から背教まで一万年あります。この一万年の間に、縄文人の先祖は真理に調和した豊かで平和な文明を築き上げました。そんな平和な時代に背教者の出現があり、縄文人は大患難に見舞われました。背教者はどうなりましたか？

一致団結していた背教者でしたが、神の介入を受けて分裂し、日本列島から追放されました。彼らはなぜ、神の介入を受けたのでしょうか？　それは創造の七日目に入り、神の調整があったからです。もし彼らの背教がもっと早く始まっていたなら、多くの縄文人が彼らの餌食《えじき》にされ、真理は危機的な状況に陥っていたのかもしれません。そして縄文文明は別の姿を見せていたのかもしれません。創造の七日目、神の調整期間に入る少し前——。何とも絶妙のタイミングではありませんか！

背教者が日本列島を去ったのは、神の調整期間中のことだったと思います。ですから、一万三千年前から一万一千年前までの間でしょう。日本列島での活動を断念した彼らは、朝鮮半島に渡り、そこから西へと進路を取ったと思います。背教と縄文文化を携えて……。その最終地点がエジプトだったのでしょう。

エジプトに統一国家が生まれたのは、今から五千年ほど前であった——とされています。しかしグラハム・ハンコック著、『神々の指紋』のなかで、彼はギザにある三つのピラミッドやスフィンクスが一万二千年以上前に建造された可能性があることを、綿密な調査に基づいて指摘しています。その年代は、背教者が日本列島を去った頃と符合するのです。

エジプト人は、エジプト文明を築く以前に背教者によって「文明」という新しい価値観に目覚めさせられたのです。彼らの生き方は一転しました。彼らの脳は背教者と同様に「都市化」していったのでしょう。そして背教者の伝えた宗教や文化が七千年の時を経て、彼ら独自のエジプト文明を開化させたのだと思います。メソポタミア文明も、エジプト文明と同様の過程を経て開化したのでしょう。

背教者が開化させた文明は、宗教を中心としたものであったはずです。彼らの伝えた宗教は聖書の「例え話」に基づいたものですから、ユダヤ教、イスラム教、キリスト教が主流だったと思います。そして「宗教」という概念が広まって行き、ヒンズー教や仏教などの宗教が誕生していったのです。宗教と文明は一心同体の存在でした。ですから文明も、「自らの栄光を求めて」のものでした。

さて、「山」の縄文人に視点を移しましょう。

創造の七日目、神の調整を受けた二千年間に、縄文人は背教のもたらした弊害《へいがい》を取り除いたはずです。しかし日本列島を去った背教者の活動を知った縄文人は、全人類を巻き込む大実験を計画しましたね。二千年間に、縄文人はその準備を完了したと思います。そして調整期間の終了した一万一千年前、大実験は始まったのです。真理は封印されました。

真理に背いた文明が、どのような結末を迎えるのかを、全人類に見せる目的です。そして現在、大実験の結果は見事に出ているのです。一万一千年で結果が出たのも絶妙のタイミングでした。なぜなら、創造の七日間が間もなく終了するからです。そして現在、私はそのために必要な真理を見出しています。

聖書の創作、背教の興り、背教者の追放（宗教の誕生）、大実験の開始、実験の結果が出ると同時に真理が甦る――という六つの出来事が、どれも絶妙のタイミングで起きているのです。まるで計算されているように。これを神の采配《さいはい》というのでしょうか？

真理を封印して大実験を行うことも、人類には必要だったのです。縄文人の先祖が「あやかしの言葉」を用いて聖書を書いたのは、偶然ではありませんでした。

「あやかしの言葉」は背教者を生み、宗教を誕生させ、人類全体を大実験に巻き込んでいきました。そして背教の精神が築き上げた人類社会にあって、「あやかしの言葉」は真理を守り続けたのです。そして私は「あやかしの言葉」に気づいたから、真理を見出せたのです。縄文人の先祖が「あやかしの言葉」を用いたのも、神の采配なのでしょうか？

「あやかし」の元々の意味は、「船が難破するときに出るという怪物」です。伝承文化では、人間の脳を「船」にも例えています。

船は海を進みます。「海」は「夜」とも表現され、光（真理）を失った人類意識を表します。船は海に存在するのですから、「地となった脳」に相当します。それで、全人類の脳が「船」なのです。「船が難破する」とは人類の脳が極端に機能を低下させることを示します。

現代人の脳は、何と九十パーセントもの部分を眠らせ、機能していない状態です。もはや沈没寸前の難破船です。脳から出るのは意識や思考ですから、現代人の意識や思考が「怪物」に相当します。怪物とは怪しい物、つまり「あやかしの意識」なのです。これも縄文人が仕掛けた大実験の結果です。

一万一千年前に真理を封印することで「地」となっていった縄文人は、約二千年前の「魚座」の時刻より、全人類と同様に罪を体験してきました。ひときわ抜きんでていた縄文人が、全人類と肩を並べて同じ釜の飯を食べたのです。縄文人のままでいたなら知ることのできない多くのことを体験できた、貴重な時間でした。

縄文人の脳は、現代に「山」となって甦ります。「あやかしの言葉」は、この時点で役目を解かれるでしょう。

天の時計

では、縄文人が真理を封印したのが一万一千年前であると、なぜ分かるのでしょうか？　それは天の時計の時刻で分かります。天の時計とは、創造の七日間を計るための巨大な時計です。創造の七日間の「一日」は、一万三千年に及びます。この非常に長い時間を計る時計とは、いったい何でしょうか？

皆さんは西洋占星術に使われている、天の黄道にある十二の星座をご存知でしょうか。この十二の星座を時計の文字盤に見立てると天に巨大な時計が現れます。これが天の時計です。時計の針は太陽ですが、春分と秋分の日の「日の出」に限定されます。これらの日の太陽が、どの星座を背景にして昇るかで時刻を知ることができます。

図2をご覧ください。創造の七日目は獅子座から始まります。創造の七日間において真理の啓発がある（神の調整期間）のは、水瓶座と獅子座の時刻です。それで創造の六日目は水瓶座から始まる六星座、七日目は獅子座から始まる六星座です。天の時計一周（十二星座）で二万六千年ですから、それを十二の星座で分けると、一つの星座に針（太陽）が留まる時間は平均二千百六十年となります。

図2　天の時計

（創造の七日間は天の時計三周半）

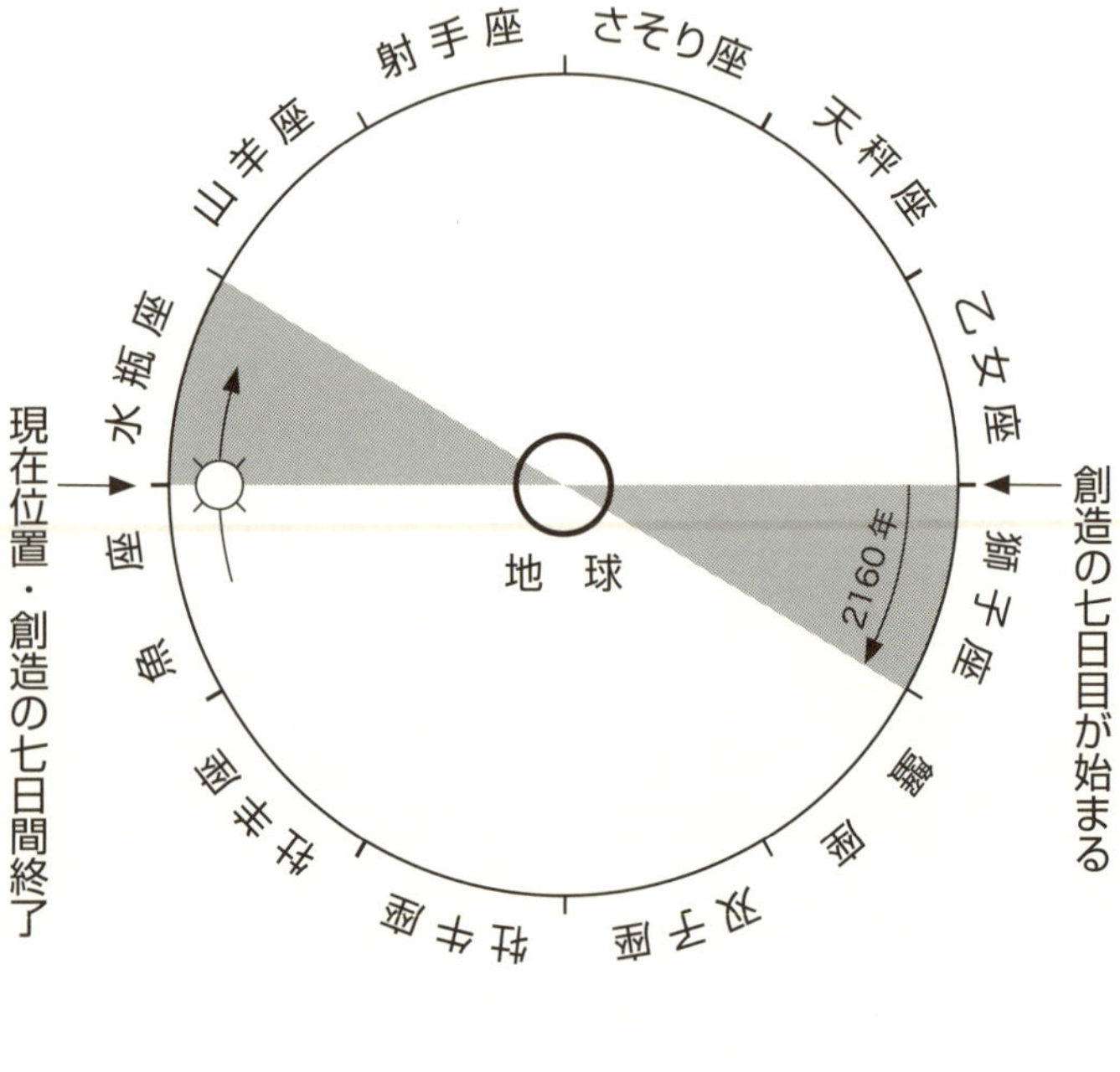

グレーの部分は真理の啓発あり

私は大方の目安として、神の調整期間（水瓶座と獅子座）を約二千年としてきました。現在、時計の針は水瓶座に入りましたから、創造の七日間が終了する時刻を迎えているのです。これは人類にとって非常に重要な出来事が生じることを意味します。

天の時計の時刻を示すのは、十二の星座です。実は、これらの星座の名には真理が隠されているのです。創造の七日目が始まる時刻、獅子座に隠されている真理を説明しましょう。

「獅子座」の時刻を迎えると真理の啓発がありました。啓発は「神鳴《かみな》り」で「雷」です。雷に音信の「音」を付けると「雷音《らいおん》」となります。雷音は同音異義語の「ライオン」であり、ライオンは「獅子」と表現されました。

獅子座の約二千年間（平均二千百六十年）は、人類が真理の啓発（雷音）を受け、神に調整される時刻なのです。獅子座の時刻が過ぎると「蟹座」の時刻となります。蟹座には、どんな真理が隠されているのでしょうか？

蟹座の「蟹」を分解すると、「虫を解く」となります。虫は「無志《むし》」の同音異義語で、志を無くすことです。「志《こころざし》」とは人類が持つべきもの、真理を表します。蟹座で「無志が解き放され」、背教（宗教）が世界に広まる足掛かりを見つけると同時に、「山」の縄文人は真理の封印を行いました。「蟹座」の時刻は一万一千年前から始まりますので、「山」の縄文人が真理を封印した時刻を一万一千年前としました。

しかし縄文人が真理を封印したからといって、背教したわけではありません。彼らは真理に関するすべての文書を処分しましたが、処分できないものもありました。それは自らの生き方です。真理を自らの思いとした彼らの生き方そのものが真理だったのです。彼らの生き方は子孫に受け継がれ、「双子座」の時刻まで真理の精神は生き続けました。

「双子座」の時刻になると彼らの意識は揺れました。意識は心（父）と脳（母）が生じさせますので、「子」に例えられています。それで「双子座」とは、「山」の縄文人の意識が崩れ始め、二つの意識（双子）、つまり「正しい意識」に「間違った意識」が混ざったことを示します。これにより「山」も崩れ始めます。双子座に続く「牡牛座《おうし》」と「牡羊座《おひつじ》」を「汚牛座《おうし》」と「汚羊座《おひつじ》」としてください。牛や羊が表す「正しい意識」が汚れたことを示します。

加えて縄文時代が終わる頃、大陸から背教の精神を持つ渡来人が日本列島に続々と入ってきました。彼らは武力に猛《たけ》ていましたから、平和に暮らす縄文人を征服することは難しくなかったでしょう。縄文人は彼らに抑圧され、彼らの背教的文化に呑まれていったと思います。縄文人はついに、背教者の仲間入りを余儀なくされたのです。その時刻が、今から約二千年前に始まった「魚座」の時刻です。

魚《うお》は「さかな」で同音異義語の「逆名《さかな》」と当て、逆の名（意識）を表します。つまり、縄文人も「例え話」を真理と信じたのです。「双子座」の時刻から始まった意識の汚れは、「牡牛座」「牡羊座」の時刻に引き継がれ、ついに「魚座」の時刻には背教に至ったのです。縄文人は弥生人へと変化しました。そして現在、私たち日本人は、創造の七日間が終了する時刻を迎えているのです。

天の時計の針は水瓶座に入っています。これまでなら「水瓶座」の時刻には真理の啓発があったのですが、創造の七日間は終了しますので啓発はありません。人類自らの力で真理を見出さなければならないのです。

「天の水がめ――だれが〔これを〕傾けることができるか」（ヨブ記38章37節）

天の水瓶（脳）のなかには水（正しい意識）が入っています。私の見出した説が真理なら、私は「水瓶座」の時刻に生じる出来事、つまり「天の水がめを傾けて、水（正しい意識）を注ぎ出した」ことになります。これまでの「水瓶座」の時刻には、神の啓発により「水は注がれ」ました。しかし今回のように人間が自力で「水を注ぎ出した」ことは、神の祝福を受ける第一歩です。次の創世記2章3節をご覧ください。

「神は七日目を祝福してそれを神聖にされた」

神はなぜ祝福してくださるのでしょうか？　それは人間が自らの力で真理を見出し、試練（大実験）

を克服して、「あやかしの世界」から出るからです。神は日本人の意識を「神聖」にされます。「神聖」とは尊くて、おかしがたいこと、清らかで汚れのないことを意味します。聖書では、「神聖」は特別の場合に限って使われ、「聖」とは区別されています。

「聖なるかな、聖なるかな、聖なるかな、全能者なるエホバ神、かつておられ、今おられ、これから来られる方」(ヨハネへの啓示4章8節)

「全能者」は、「全脳者」と考えてください。脳のすべてが機能し、神(意識)が出現している状態がエホバ神です。エホバ神は創造の七日間の人類調整期間中に、人類に真理を啓発され、人類の意識に現れました。聖書が書かれたのは創造の六日目の調整期間中ですから、「今おられ」とは六日目の調整期間中のことです。そうしますと、創造の一日目から五日目までの調整期間中は「かつておられた」ことになります。「これから来られる」とは、創造の七日目の調整期間中に生じることです。

「来られる」という表現は、神(意識)が、余所《よそ》から人類の意識に入って来られる、つまり真理の啓発です。啓発された真理(天からのパン)はエホバ神ではなくイエスです(ヨハネによる書6章32～35節)。神が啓発という行為を通して間接的に存在される場合には、神の御子イエスにも例えられ、「聖なる」を用います。しかし直接に存在される場合には「神聖」を用います。出エジプト記28章36節やゼカリヤ書14章20節には「神聖さはエホバのもの」と記され、エホバ神ご自身やエホバ神の直接的な行為の場合には「神聖」が用いられます。それで神を形容する言葉が「神聖」であるのか、「聖なる」であるかの違いにより、神が実在するのか、啓発を通しての存在なのかが分かります。

前出の創世記2章3節では「それ（意識）を神聖にされた」とあります。「神聖さはエホバのもの」です。つまり「神聖にされた意識」はエホバの意識となり、日本人の意識が神に到達することを示しているのです。

「神出現」は縄文人にはできないことでした。なぜなら、「山」の縄文人は罪を経験していません。背教の精神がもたらす文明の結末を見ることもありませんでした。そのために、「神出現」を子孫に託したのです。そこには、真名《まな》という同じ言葉を用いる同一民族ならではの信頼と、時を越えた意識（真理）の循環がありました。

意識の循環

神はなぜ、縄文人の先祖に真理の啓発を与えたのでしょうか？　真理の啓発は神の人類調整期間中を通して与えられており、全人類が受けているはずです。そのなかで、縄文人だけが理解することができた――ということなのです。縄文人は、なぜ理解できたのでしょうか？

「わたしはアルファでありオメガであり、最初であり最後であり、初めであり終わりである」（ヨハネへの啓示22章13節）

この聖句は、神（意識）が循環していることを示しています。神としての意識は人類が出現させますから、人間の意識の循環なのです。ですから「初めであり」とは、神が人類に与える初めの意識であり、真理の啓発を意味します。「終わりである」とは神出現が完了したことを意味します。

これを、因果律を逆転して考えてください。

出現した神は、過去に遡って人類の意識に現れます。人類の意識に最初に現れたのは、創造の一日目の調整期間中です。そして二日目、三日目、四日目と神は啓発を続けられ、五日目の啓発が人類に与えられたときのことでした。

縄文人の先祖は、与えられた真理を文字化する試みに挑戦したのです。真理の価値が高いことを感じたからでしょう。しかし残念ながら、その挑戦は成功しませんでした。

縄文人の先祖は諦《あきら》めませんでした。創造の六日目の調整期間に入ると再挑戦に挑み、ついに真理を表現するための文字、真名《まな》を発明したのです。真名により、真理は知識となって存在するようになりました。その代表的なものが聖書です。聖書は縄文人の意識を高めるのに役立ち、真理の意識化に至りました。しかし背教者の出現により宗教が誕生する一方で、縄文人は真理を封印しました。

宗教は世界中に広まり、聖書は母国の日本に戻って来たのです。そして現在、縄文人の封印した真理が人間の意識に現れました。真理の出現は日本人を悔い改めに導き、日本人は意識を正すでしょう。その意識が神となっていくのです。

神となった意識は、創造の一日目を迎えた人類に啓発されるわけです。神は「初めであり終わりである」のです。この点をイザヤ書55章11節では、次のように説明しています。

「わたしの口から出て行くわたしの言葉（真理の啓発）も、それと全く同じようになる。それは成果を収めずにわたしのもとに帰って来ることはない。それは必ずわたしの喜びとしたことを行ない、わたしがそれを送り出したことに関して確かな成功を収める」

意識の循環は日本の言葉「真名」によってなされましたから、真名を用いる民族でなければ、意識の循環を成すことはできません。

縄文人の先祖は勤勉に文字を考え、真名を発明しました。日本民族に備わっている勤勉さが神（意識）の循環を支えてきたことは、日本人の誇りです。

人間の本質

科学技術の発達により、人類の生活は驚くほど便利になりました。人類の幸せを求め、人類にとって都合のいい社会環境を造り続けています。生活環境も至れり尽くせり。百年前と比べると、天と地ほどの変わりようです。しかし皆さん、幸せですか？　こんな便利な社会なのに、ノイローゼやうつ病患者が多いのはなぜでしょうか？

現代人は快適な環境のなかで、非常に多くのストレスを感じています。これは人類の望む快適さが、必ずしも本当の快適さとはいえないからです。本当の快適さとは、人間の本質を抜きには考えられません。人類が遠い昔に置き去りにしてきた人間の本質抜きには――。

人類の脳は、三十八億年にわたる生命進化の賜《たまもの》です。人間の体は母親の胎に宿ったときに、地球上に出現したことになります。しかし遺伝子を遡《さかのぼ》っていくなら、三十八億年前の単細胞生物にたどり着くでしょう。ですから人間の本質は生物の本質であり、生命進化の過程を通して確得したものなのです。

人類は生命進化の頂点にいます。生命進化は地球の自然界のなかで、ゆっくりと時間をかけて行われてきました。地球は生命の母胎なのです。だから絶えず、生命は地球の自然とともにありました。

自然を排除した人工環境は、生命を育て続けた自然界から生命を隔離することです。これを不自然というのです。生命が自然界から切り離されることが、生命にとっては最大のストレスとなるはずです。自然界を守るということは、取りも直さず生命を守ることなのです。

自然界には再成システムが備わっていて、動物や昆虫が役立っています。生態系が健全であるなら、動物や昆虫の活動が自然の再成を助け、自然界の安定した状態を維持します。そして自然界の安定は、動物や昆虫を益することになります。持ちつ持たれつの関係により、地球の自然は守られてきました。

しかし動物や昆虫が、このようなことを考えているわけではありません。人間だから考えることができるのです。人類は他の動物にはないこの能力を正しく用いなければなりません。人間には、この能力がなぜ備わっているのかを、充分に考えなければなりません。

動物や昆虫の活動は本能によるものです。本能には、利己的本能と利他的本能があります。自分を益するための本能と、自分以外を益する本能です。持ちつ持たれつの関係を生じさせる、とても重要な要因です。そして、これらの本能によって育まれた素質が「本質」だと思います。

「持ちつ持たれつ」の関係がとても重要であることを考えてみましょう。地球上の生物は大きく分けて、陸生生物と水生生物に分かれます。別の見方で分ければ、酸素を必要とする生物と二酸化炭素を必要とする生物です。これらの生物の関係を考えてください。

動物は酸素を吸って二酸化炭素を吐き出します。植物はその二酸化炭素と太陽の光で光合成を行い、酸素を吐き出します。地球上に植物が存在しなければ動物は存在できず、動物が存在しなければ植物も存在できません。双方が存在することで、地球は生物の楽園となれます。持ちつ持たれつの関係なのです。

山から流れ出た地下水は栄養分に富んでいます。地下水は合流して川となり、海に流れ出ます。流れ出た栄養分豊かな水は海草やプランクトンを育て、魚類などの集まる豊かな海にします。そして海から蒸発した水分は集まって雲となり、風に乗って陸地に雨を降らせます。雨水は植物を育てながら栄養分豊かな地下水となって川へ合流し、海へと流れ出します。陸と海も持ちつ持たれつの関係にあり、この関係が地球を調和させているのです。かつては人類も、この枠組みのなかで生を営んでいました。本質的な生き方をしていたのです。しかし人類が真理を失った一万一千年前から人類の価値観は変わり始め、人間の本質も霞《かす》んでしまったようです。そして今、人類は人類社会という多くの規制を伴った枠組みのなかで、多くのストレスを抱えながら生きています。

人類は他の動物に比べて、抜きん出た思考力を持っています。思考力は本能との調和を保ちながら理性を生じさせます。しかし思考力を重んじた人類は、本能を失っていったのです。人類に残された本能は、生きるために必要な個体維持本能と、人類という種《しゅ》を絶えさせないための種族保存本能だけです。これらは利己的な本能であり、人類には利他的な本能がありません。なぜでしょうか？　それは人類が真理を見失ったからです。現在の生き物界における格差が広がった背景には、一万一千年前に行われた大実験（真理の封印）と背教が糸を引いているのです。

人類に欠けている利他的な本能とは、人類以外の存在を益する本能です。具体的にいえば、地球と地球に存在する生物に対する愛なのです。人類がこの愛を取り戻すなら、地球は豊かな自然に恵まれた平和な星になるでしょう。神はそのために生命を誕生させ、生命進化を誘導されました。生命の存在目的を、私はこの点に見ています。地球の自然環境を愛し、大切にすることは、神に対する最高の崇拝行為なのです。

日本では、家族が共に暮らす場所を「家庭」といいます。家に庭が付いていますね。家のなかは人工的空間です。ペットの動物を除けば、大方のところ人間が独占しています（ゴキブリやクモ、ダニはいますが）。しかし庭を見れば、地を覆《おお》うように生える草や木があります。そこには様々な昆虫が集まり、草かげではトカゲが目を見張っています。木の枝で羽を休める小鳥もいます。地中にはミミズやバクテリア、地面には苔《こけ》が生えているかもしれません。蟻だって列を成しているでしょう。庭は多くの生物を共存させ、豊かな生態系を築いているのです。

「家庭」とは、人間が常に豊かな生態系とともにあるべきことを教える言葉です。地球のルールである「持ちつ持たれつ」の一環として――。

昆虫や小鳥が蜜と引き換えに花の受粉を手伝い、おいしそうな実を結べば彼らの餌《えさ》となり、実をついばんだ鳥が余所《よそ》で糞を落とせば、次世代の発芽となるでしょう。自然界はうまい具合に再成の仕組を備え、地球本来の在り方を示しているのです。持ちつ持たれつであることを――。そうして自然は保たれます。

ところが、人類が自然から孤立して人工環境に身を置くようになって以来、他生物との共存が煩《わずら》わしくなったようです。それは人類が造り上げた生活環境と自然界の仕組が、うまく協調していないからです。人類は、地球に異なる環境を持ち込んだのです。

このまま人類が自然界からの孤立を続けるなら、人間の体内環境も変化を始めるでしょう。否、もうすでに始まっているのです。

生命は自然界で進化してきましたから、自然界に存在する微生物（細菌やウイルス）に対する免疫を持っていたと考えられます。しかし自然界からの孤立を続けることにより、人類は免疫力を弱めたり、失ったりしているのです。このまま孤立を続けていくとしたら、どのような結果を招くでしょうか？

私の頭なかを一つの映像が過《よぎ》って行きます。地下鉄サリン事件を伝えるテレビの映像です。ガスマスクと防護服を装着して救助活動を行っていましたが、他人事《ひとごと》ではなくなる時代が訪れるのかもしれません。

微生物に対する免疫を失った人類は、人工的に管理された場所以外では、ガスマスクと防護服で身体を守ることが一般的常識となっているのでは……と考えてしまうのです。そうなったとき、人類は気づくでしょうか？　蒔《ま》いた種を刈り取っているのだと――。

神の裁き

神の裁き――というと、恐怖心を抱かれる方が多いでしょう。恐怖心から逃れるために神への信仰を始めた方もおられると思います。「神の裁き」という概念も、その出所は聖書なのです。ですから神の裁きも「あやかしの言葉」であり、多くの方が抱いている恐怖は見当外れの恐怖といえます。

聖書は意識の世界での出来事を描写したものですから、神の裁きも当然のこと、意識の世界で生じるわけです。では、意識の世界での神の裁きとは何でしょうか？

実は、神が人類の意識を正されることが、神の裁きの実態です。考えてみてください。縄文人が行った大実験により、全人類は「あやかしの世界」に投げ込まれたのです。このままいけば、人類ばかりか地球の自然界も絶滅するでしょう。しかし、人類が軌道修正して正しい意識に立ち返ることは期待できません。それで、神が人類の意識を正すことで軌道修正を図るわけです。それが神の裁きの実態です。神は裁きの執行をイエスに委《ゆだ》ねられますが、イエスも「あやかしの言葉」なのです。では、イエスとは何を意味するのでしょうか？

イエスは人類の汚れた意識を正すために戦います。人類の汚れた意識は、聖書を文字どおりに解釈し、その価値観を重要視したことによって生じました。ですから、聖書に秘められた真理、つまり「あやかしの言葉」に隠されている真理を見出せば、人類は意識を正せるわけです。そして汚れた意識は消えていきます。

この場合、人類の意識を正すのは何ですか？　そう、真理です。真理がイエスの正体です。真理《イエス》が人類の汚れた意識と戦い、勝利を収めることになります。これが「神の裁き」なのです。

神の裁きが生じる前には必ず真理《イエス》が見出され、広く人々の知るところとなるでしょう。一万一千年前に縄文人に封印された真理《イエス》が、一万一千年後の現在に復活してくるのです。しかしすべての人が真理《イエス》の復活を歓迎するわけではありません。

背教した縄文人は、神の調整を受けても悔い改めることはありませんでした。彼らはなぜ、悔い改めなかったのでしょうか？　それは彼らが、あまりにも強く自らの栄光を求めたからです。権力、財力、支配欲に固執することは、「あやかしの精神」の最たるものです。

背教した縄文人のように真理を無視し、相変わらず汚れた意識を正そうとしない人に、明るい未来はありません。では、どのような未来があるのですか？

真理によると、人類は十二本の遺伝子を持っています。ところが人類の遺伝子は、二重らせんの形状で存在するだけです。あと十本は消えています。それで脳を九十パーセントも眠らせているわけです。人類が、もし意識を正すことができたなら、その人の消えている遺伝子が甦り、眠っている脳を目覚めさせることになるでしょう。「地」は「山」へと姿を変化させていきます。山は「ここからあそこ」に移って来るのです。

問題は意識を正さない人です。彼らには遺伝子の甦りがない以上の苦しみが待っています。人類は一万一千年前から遺伝子を減らし続けてきました。この遺伝子の減少はこれからも続くのです。そうなればさらに脳の機能低下が生じ、それに伴って意識の低下も生じるでしょう。意識の低下はますます遺伝子を減少させる——という悪循環が続行し、こうして人間としての姿は崩れていくのかもしれません。

「人間は善を積むと、次の世でも人間として誕生できるが、悪を続けていると、次の世では動物になってしまうよ」

昔からいわれてきたこの言葉が、今、私なかで響いています。昔、聞いたときには一笑に付しましたが、昔と今とを比べると、私も変ったなあ……と、しみじみ思います。

「神の裁き」は人類に人間の本質を取り戻させる一方で、人間性を失わせる場合もあるのです。どちらを選ぶかは、あなたの心次第です。

神とは？

イエスが「あやかしの言葉」なら、神も然《しか》りです。人類の抱く神の概念も、やはり「あやかしの言葉」によって育まれた見当外れの概念です。ただ、遺伝子の研究をされている村上和雄博士がご自分の研究を通して感じる神を、サムシング・グレートと表現されていたことを覚えています。

サムシング・グレート（何か偉大な存在）――漠然としていますが、科学者として感じた素直な表現だと思います。私も真理の解明を通して、神の実態が見えてきました。そしてこれまでの神の概念が、あまりにも稚拙《ちせつ》で人間染《じ》みていることに嫌気が差します。

神は神社に居るわけでも、高い空に居るわけでもありません。しかし神の力が宇宙を創り、地球を創った（地球環境と生物を、進化に向けて導いた）のです。では、真理が教える神とは何でしょうか？

宇宙の誕生以来、神はご自分の影響力を物質宇宙に対して行使してこられましたが、神は存在しません。「神の芽生え」だけが存在しているのです。このように書くと、皆さんの頭のなかはパニック状態だと思います、しかし辛抱して、もう少しお付き合いください。

そもそも、因果律が怪しいのです。原因があるから結果がある――。誰でも、そう思っています。

成績が悪いのは努力をしなかったからだ、発芽したのは種を蒔《ま》いたからだ、太ったのは食べ過ぎたからだ……など、どれも当たり前のことであり、この当たり前の出来事が私たちの日常を取り巻いています。

ところが、この因果律が、原子以下の微視的世界においては通用しないのです。しかし世界を造り上げているすべての物は、すべて原子でできています。人間も動物も植物も水も空気も、すべて原子でできているのに、これらの目に見える世界と微視的世界（原子以下の世界）に、なぜこのような違いが生じているのかは、私には分かりません。

とは言ったものの、一つの可能性に心が動いています。それは量子論です。原子以下の微視的世界においては、「存在」の意味が異なるのです。目に見える世界では、物は存在するか、存在しないかのどちらかです。しかし微視的世界で存在が確認されるためには、観測という行為が必要です。たとえ存在していても、観測という行為がなければ物質として存在することはできません。

観測という行為は、人間の意識を向ける行為です。そのように考えると、人類の意識が原子の有様を決定し、目に見える世界を造り出しているように思えてなりません。この宇宙には、原子や素粒子など肉眼では見えない多くの微視的粒子があり、それらが材料となって、目に見える世界を造っているように思います。材料の段階では物質世界を造る無限の可能性がありますが、人類の意識が、無限の可能性を一つに絞り、現在の物質世界を存在させている——と思うのです。

真理の解明をしていると、微視的世界と同様に因果律の逆転を思わせる描写に出合うことがあります。そして因果律の逆転を前提にして真理を考えたとき、真理がおもしろいように理解できたのです。

物質宇宙がビッグバンと呼ばれる大爆発によって誕生したことは、科学的に認められています。この宇宙には物質以外にも、時間と空間が生じました。つまり時間も造られたものなのです。ビッグバン以降、時間は流れ続けて過去、現在、未来という時間の概念を生じさせています。そしてその間に「神の芽生え」が誕生しました。それが生命です。

地球は自然界（海）のなかに生命を誕生させ、生物の進化の舞台となりました。生物の進化については二つの見解があります。ダーウインの説く「進化論」と、キリスト教国で支持されている「神の創造説」です。神の創造説を信じている人々は、進化論について次のように言います。

「生物が自然に進化をする確率は不可能なほどに低く、奇跡に等しい」

さて皆さんなら、どちらを支持しますか？　どちらも支持できない——というのが、真理から見出した答えです。

生物は、なぜ進化したと思いますか？　それは高度に発達した脳を出現させるためでした。ではなぜ、高度に発達した脳が必要だったのでしょうか？

もし生命体が本能に依存して生きるなら、生命体は自分で考える必要が生じません。それでは、いつまでたっても「神の芽生え」は成長できません。神は出現できないのです。神を出現させるには、神を出現させることのできる「高度に発達した脳」が必要なのです。それで生命体を進化させ、脳の進化を促す作用が必要でした。

地球に存在する様々な環境が様々な生命体を誕生させ、地球は多種多様な生命体を存在させる、特異な星となりました。脳の進化は地球環境の進化に伴っています。しかし本能に依存している生命体は、自然界の美しさや自然界の働きを理解しているわけではありません。

昆虫が美しい花に集まるのは、花が美しいからですか？　サバンナに生きる動物たちは、夜が明けて朝日が大地を金色《こんじき》に染めていくのを美しいと眺めるでしょうか？　山間《やまあい》の草地を空高く舞う鷹は、美しい自然の綾をどんな思いで見ているのでしょうか？　彼らの視線は、絶えず餌《えさ》となる小動物を追うのです。

自然界の美しさや働きを理解するには、感性や思考力が必要です。理解できて始めて、地球環境を守るという概念が生じます。そのためには高度に発達した脳が必要なのです。

脳の進化により感性や思考力を得た生命体は、豊かな感情を育《はぐく》むようになりました。そうすると、豊かな感情が自我を形成し、心を育てたのです。生命体は高度の意識を持つようになりました。この生命体が人類です。

人類は意識を成長させてきました。この意識が、いずれ「神」となるのです。そのために人類は良きにつけ悪《あ》しきにつけ、様々な経験を通して「神」に相応《ふさわ》しい意識を模索してこなければなりませんでした。人類は試され、ふるい分けられ、精錬された後に、「神」と呼ばれる意識を出現させることになります。

生命体が神を出現させるまでを、かい摘んで説明しましたが、この説明のなかに神の介入があります。それは傍点を打った箇所です。しかし未だ神が出現していないのに、なぜ神が介入できるのか――と思いますか？　その答えが「因果律の逆転」なのです。では、因果律がどのように逆転したのかを説明します。

「生命の芽生え」をスタート地点とし、「神の出現」をゴールと考えてください。当然のこと生命の芽生えは過去の出来事であり、神の出現は未来に生じます。ところが未来に出現する神が時間を遡《さかのぼ》って、ご自分に繋がる過去を繰り返し選ばれ続けたのです。つまり、ゴールからスタート地点に向かって神の介入が及んで行ったのです。

「選ぶ」という行為は、神が、無限に存在するであろう過去の歴史の可能性のなかから、「一つの歴史」を選ばれることです。つまり神出現に必要な過去が選ばれ続け、生命三十八億年の進化の歴史が存在しているのです。そしてこの歴史は、神出現に行き着くでしょう。これが「因果律の逆転」です。

このように考えれば生物の進化は奇蹟ではなく、神の選択によるものだったのです。逆に考えれば、生物の進化が神実在の証明となるのではないのでしょうか？　人類は現在、疲れ果てていますが、頑張ってください。ゴールはもうすぐです。

神はなぜ、人類の意識が生み出す時間の概念に拘束されないのでしょうか？　それは神が人類の意識に拘束されないからです。つまり、この世界が「あやかしの世界」だからです。「あやかしの世界」は、神が出現するまでの限定された存在なのです。ですから神が出現したなら、あやかしの世界は消えていくことになるでしょう。人類の記憶に多くの教訓を残して――。

「あやかしの世界」で人類は今、体験学習をしているのです。自然を破壊すると、この地球はどうなるのか、経済の発達が本当に人類を豊かにしたのか、科学技術の進歩はどこまで許されるのか、戦争はどのような結末をもたらしたのか、人類の自分天下の生き方は人類を幸せにしたのか、そして人類に宗教は必要だったのか、あなた自身で考えてください。現在、世界中で生じている出来事は、人類にとっての貴重な体験なのです。

縄文人は背教者の行為を償《つぐな》うため、人類が本来の姿を取り戻すために必要な措置を取ったのです。そのために縄文人は真理を隠し、自らの脳を退化させました。利他的な愛を忘れ、自分天下の歴史を積み重ねてきた結末を、全人類はその目でしっかり見、その耳でしっかりと聞かなければなりません。そして何が善で何が悪であるのかを、しっかりと見極めてください。それが「悟り」です。

「わたしが苦しみに遭ったのは、わたしにとって良いことです。それは、わたしがあなたの規定を学ぶためなのです」（詩編119編71節）

縄文人は私たちに結果を見させるために大実験をしました。「あやかしの世界」は、人類がたった一度だけ覗くことができる「魔の世界」であり、「試金石」となる時代なのです。二度と体験できない時代にあって、しっかりと学んでください。

生命体はなぜ、三十八億年もの長い年月を費して、高度の脳を持つ人類を出現させねばならなかったのか？　人類の卓越した思考力は何のためにあるのか？　それは地球環境を守るためであり、その意識が「神」なのです。

恐竜の絶滅

太古の昔、恐竜が我が物顔で地球を闊歩《かっぽ》していた頃のことです。地球には多種多様な植物が生い茂り、動物たちの祖先が生息していました。そのなかでも恐竜は飛び抜けて巨大であり、恐竜の胃袋を満たすためには多量の食べ物が必要とされました。そのため、多くの動物や植物が、恐竜の餌《えさ》となって消えていきました。

恐竜の餌は、地球という器にしかありません。恐竜が増え続けるなら、餌の量も増え続けることになります。もし恐竜の餌の量が、動物や植物の繁殖を上回る勢いで増えていくなら、器のなかの餌はいずれ空《から》になるでしょう。そのとき、恐竜も共食いをしながら絶滅に向かうのです。そうなれば地球の自然は消えていき、神の計画は挫折してしまいます。そのような状況を、神が見逃すはずはありません。神は、ご自分の計画を成功させるために、相応《ふさわ》しい過去を選択されました。

メキシコのユカタン半島に巨大隕石が落下し、それがきっかけとなって恐竜は絶滅しました。隕石落下のすさまじい衝撃により、地面の塵《ちり》が舞い上がって地球を覆《おお》い、植物の成長に必要な太陽光が遮《さえぎ》られてしまい、そのために植物が育たなくなったからです。そうなれば植物を餌とする動物も減少し、恐竜は必要量の餌を食べることができなくなったのです。

隕石落下以降、地球には小型の動物が増加しました。小型の動物なら少量の餌でも生き残れたからです。私はふと、こんなことを思うのです。これは動物をサイズ的に選択した「神の裁き」ではなかったのか……と。

恐竜が地球に生息するには、あまりにも巨大過ぎました。恐竜は絶滅しましたが、恐竜のなかで鳥類へと進化したものが生き残っています。生物の進化も、試行錯誤を繰り返していたのでしょう。真実の神は、人類の妄想上の神のようにオールマイティーではないようです。もしオールマイティーであったなら、初めから恐竜を地球サイズで誕生させたでしょう。

恐竜が多量の餌を食べたことは無理もないことです。生きていくためには食べなくてはなりません。これは恐竜に備わっている個体維持本能であり、悪ではありませんでした。しかし地球から見ると、自然を食い尽くす癌《がん》のような存在だったのでしょう。だから、恐竜が絶滅する過去が選ばれたのだと思います。

では、人類はどうでしょうか？　人類は農業の発達により多くの食料を得ることができ、人口は増え続けました。そして現在、人類は他生物の生存を脅《おびや》かしながらも増え続けています。日本のように人口減少が生じている国もありますが、それでも自然破壊は続けられ、動物たちの居住地を奪っていることに変わりありません。

人類も恐竜と同様に癌化しているように思えるのです。もし人類が目覚めず、相変わらずに蛮行を続けるのなら、人類も絶滅の道を進むことになるでしょう。そうならないために人類は真理を知って意識を正し、人間としての本質（地球の自然界に対する愛）を取り戻さなければなりません。それは個人の問題であると同時に人類全体の問題であり、地球の問題でもあるのです。

人類は今、恐竜の二の舞とならないように、自らの意識を正すべき時代を迎えています。恐竜には、絶滅を免《まぬが》れるための方法がありませんでした。しかし人類には、悔い改める時間も能力もあります。この違いが、人類を絶滅から救うことになるでしょう。そして神の計画どおり、「神出現」を実現させるのです。

登り口は違っても頂上は一つ？

世界には多くの宗教がありますが、宗教に対する人々の考え方も様々です。ある人は、こう言います。

「宗教なんて、どれも同じさ、ただ登り口が違うだけで頂上は一つなのさ」

このような考え方であれば、宗教間の衝突は避けられるでしょう。この人は、宗教には余り関心がないようですね。また、ある人はこう言うでしょう。

「登り口が違うだけで頂上は一つですと、とんでもない事をおっしゃる、今に罰《ばち》があたりますぞ！」

宗教に対する考え方は本当に様々です。しかしどの宗教であれ、人間はなぜ信仰心を持ちたがるのでしょうか？ そこに私は、「不安」と「依存性」を見てしまうのです。自分よりも強い、否、最強の存在に守って欲しい——という弱さが、信仰に向かわせるのです。

逆に考えれば、人類社会には多くの不安があるため、その不安の解消や魂の救済、幸せになるために頼れる存在として宗教があるのです。しかし本当にそうでしょうか？

宗教の興りは、背教した縄文人たちが自らの栄光を求めたことに起因しています。彼らは偽りの真理（例え話）で人類を欺《あざむ》き、宗教を誕生させました。と同時に、宗教の教えを中心とした数々の文明の土台を築きました。真理に反する偽りの価値観で人類を惑わし、宗教界全体で構築する「あやかしの世界帝国」を存在させているのです。

人類は「あやかしの世界帝国」で多くの不安や苦痛や悲しみを与えられています。例えば「終末思想」や「前世の因縁」、「地獄に落ちる」という教理上の怖さ、信仰の違いによって生じる家族の不和や民族の分裂、さらに宗教間の衝突による戦争の脅威や戦争によってつくり出された多くの難民、信者に課せられた責務などが挙げられます。

その一方で、信仰の道に入れば天国に行ける、永遠の命が得られる、魂の救いがある、悪い因縁から解かれる、多くのご利益があるなど宣伝していますが、結局のところ宗教が自らの栄光を求めての宣伝にすぎません。

宗教は「飴《あめ》」と「鞭《むち》」を使って人類を惑わしているのです。それはすべて、「自らの栄光」のためであり、人類のためではありません。しかし、このような宗教の本質は、一万一千年を遡らなくては見えてこないでしょう。現在の宗教者は伝統となった教えの伝達者であり、宗教を疑問視する人は宗教者にはならないはずです。そこに宗教の安泰がありました。

人類は神仏に手を合わせたり、お札を求めたりしますが、それらには精神安定剤の効果はあるでしょう。しかし皆さんに考えていただきたいのは次のことです。

人類社会を「あやかしの世界」にしたのは誰ですか？　それは元を質《ただ》せば背教者なのです。背教者は自らの栄光を求めて宗教を興しました。そして背教者の狙いどおり、宗教が崇《あが》められる世の中を造り上げたのです。

もし、世の中が平等で平和で暮らしやすかったらどうでしょうか？　人々は神仏を求めますか？　おそらく、求めなくなるでしょう。自分より強い者に依存する必要がなくなるからです。背教者は、そうであったら困るのです。ですから自らの栄光を求めて、「あやかしの世界帝国」を築き上げたのです。

人類を、偽りの真理で欺《あざむ》いて不安を煽《あお》り立てている背教者に救いを求めても、真の救いはありません。救いはただ一つ、本当の真理を知って、偽りの真理を捨てることです。そうすることで「あやかしの世界帝国」は影を潜め、次第に消えていくでしょう。

宗教という登り口は多数存在していますが、宗教に秘められている真理は一つです。つまり頂上は一つなのです。

宗教の「ひな型」

宗教の特徴として、第一に神仏に対する崇拝があります。人々が崇拝するためには、崇拝するための場所と御神体や御本尊が必要です。そのため、神社や寺院には祭壇が築かれ、御神体や御本尊を安置するに相応しい環境が整えられております。

第二に信仰をともにする人々を集める勧誘行為があります。媒体を使って宣伝したり、戸別訪問したりします。そして信者を集めて説教をし、人々の心に信仰心を植え付けていき、最終的に寄付を求めます。宗教のこの方法には「ひな型」があるのです。少し見てみましょう。

「それからノアはエホバのために祭壇を築き、すべての清い獣とすべての清い飛ぶ生き物のなかから幾らかを取って、祭壇の上で焼燔《しょうはん》の捧げ物をささげはじめた」（創世記8章20節）

「あなたはアカシアの木で祭壇を造らねばならない」（出エジプト記27章1節）

「エホバはその聖なる神殿におられる。全地よ、そのみ前に沈黙せよ！」（ハバクク書2章20節）

「〔まことの〕主がその神殿に突然に来る」（マラキ書3章1節）

「ある人々が習慣にしているように、集まり合うことをやめたりせず、むしろ互いに励まし合い、

その日が近づくのを見てますますそうしようではありませんか」（ヘブライ人への手紙10章25節）

「それから〔イエス〕はガリラヤの全土をあまねく巡り、諸会堂で教え、王国の良いたよりを宣べ伝え、民のなかのあらゆる疾患とあらゆる病を治された」（マタイによる書4章23節）

「王国のこの良いたよりは、あらゆる国民に対する証しのために、人の住む全地で宣べ伝えられるでしょう」（同24章14節）

「あなた方に真実に言いますが、この貧しいやもめは、宝物庫の箱にお金を入れているあの人たち全部よりたくさん入れたのです。彼らはみな自分の余っている中から入れましたが、彼女は、その乏しい中から、自分の持つもの全部、その暮らしのもとをそっくり入れたからです」（マルコによる書12章43、44節）

「これらは大患難から出て来る者たちで……神のみ座の前にいるのである。そして、その神殿で昼も夜も〔神〕に神聖な奉仕をささげている。また、み座に座っておられる方は彼らの上にご自分の天幕を広げられるであろう」（ヨハネへの啓示7章14、15節）

「み座の前にある黄金の祭壇の上ですべての聖なる者たちの祈りと共にささげるため、多量の香が彼に与えられた」（同8章3節）

これらは聖書なかの記述ですが、多くの宗教に見られる部分に傍点を打ってみました。

宗教は縄文人の背教者によって誕生しました。彼らは「例え話」の解釈の違いにおいて分裂しましたが、それぞれの異なる解釈が、異なる宗教を誕生させたのです。ですから異なる宗教であっても、一万一千年遡るなら聖書に行き着きます。そのため、神仏の崇拝方法や祭壇の設置、布教活動や寄付集めなど、宗教の教え以外については、「例え話」の「ひな型」どおりです。ただ像を崇拝することについては、イスラム教と一部のキリスト教では行いません。

「あなたは自分のために、上は天にあるもの、下は地にあるもの、また地の下の水の中にあるものに似せたいかなる彫刻像や形も作ってはならない。それに身をかがめてはならず、さそわれてそれに仕えてもならない」（出エジプト記20章4、5節）

「子供らよ、自分を偶像から守りなさい」（ヨハネの第一の手紙5章21節）

形ある像はすべて避けるのか、偶像だけを避けるのか――、理解の仕方が違っているのです。キリスト教では多くの場合、十字架や十字架につけられたキリスト像、マリア像などは偶像とは見なしません。背教者たちは聖書の記述に従って、宗教の「ひな型」を創り上げたのです。しかしこれらの記述は、「例え話」にすぎません。何の価値もなく、真理とは無縁のものなのです。

それでは、宗教の「ひな型」となっている表現に隠されている真理を説明しましょう。

神殿や寺院は神仏を祀《まつ》るためのものです。神仏の正体は「神としての意識」ですから、神殿や寺院は「意識」を存在させる「頭」を表します。つまり人間です。そして神仏の象徴である御神体や御本尊は、神殿や寺院に設けられた祭壇に安置されます。神としての意識は脳に宿りますから、祭壇は「脳」を表します。では、祭壇で香を焚《た》く行為は何を意味するのでしょうか？

香は同音異義語の「考《こう》」を当ててください。祭壇は脳ですから、「考」は「考えること」を表します。祭壇で香を焚く——とは、「脳を使って考える行為」を意味します。それは自分の意識が「神」に到達するように努力することであり、「あやかしの言葉」から真理を見出し、汚れた意識を正すことを意味します。この思考する脳が観世音菩薩に相当します。

家から家へと宣べ伝える行為や地域に教えを広める行為は何を例えたものでしょうか？

人（意識）の住む「家」は神殿と同様に「頭」を表し、人間そのものですから、「正しい意識」が人間から人間へと伝わって行くことを「宣べ伝える」行為に例えているのです。正しい意識の伝達は、いずれ地域全体へと広がって行くでしょう。これは人間としての正しい生き方をすることが、周囲の人々に良い影響を及ぼしていくことを示すものです。人間としての「生き方」が大切であることを教えています。地球上の生物は持ちつ持たれつのルールを守ること、そして人類が失ってしまった利他的な愛を取り戻し、豊かな生態系を維持すること——を喜びとする生き方こそ、人間の本分なのです。

「会堂」で教えることも同じ意味です。会堂に多くの人を集めて教えることではありません。会堂の「会」を同音異義語の「海《かい》」にしてください。「堂」は家と同じで「頭」を表しますから、会堂とは「偽りの意識の人間」であり、現代人を指しています。それで「会堂で教える」とは、「家から家に宣べ伝える」ことと同様に、人間としての本物の生き方を現代人に示すことを意味します。

しかし「集まり合うこと」が大切であるとヘブライ人への手紙10章25節に書かれています。「その日が近づくのを見てますますそうしようではありませんか」と。——そう思っているあなたは文字に操《あやつ》られています。

聖書の現代における役割は、人類を「あやかしの世界」から救い出すことです。聖書には、そのための多くの真理が隠されています。それらが見出され、「会堂」である現代人の意識に集合すること、つまり真理の集合が「集まり合うこと」に相当します。先祖はこの預言の成就を確信したからこそ、「集まり合うことをやめたりせず」と表現したのです。しかも、「その日が近づくのを見てますますそうしようではありませんか」とあります。

「その日」とは創造の七日間が終了する時代です。現代人が偽りを捨てて、正しい意識に立ち返る時代を指しています。ですから真理を見出せる日本人は、より多くの真理を見出して、真理の全体像をより正確に理解する必要があることを説いているのです。

これまで真理は日本人の頭のなかから消えていましたから、「習慣」として「集まり合うことをやめ」ていたことになります。これは、創造の七日間の終了を間近にして、日本人の意識に生じる出来事を預言したものです。箴言《しんげん》4章18節には、同じ出来事が次のように表現されています。

「義なる者たちの道筋は、日が堅く立てられるまでいよいよ明るさを増してゆく輝く光のようだ」

縄文時代とは異なり、現代は光（真理）のない暗黒の時代です。「日が堅く立てられるまで」、暗黒の時代は続きます。「日」とは「創造の一日」と考えてください。人類は「創造の一日」を単位として、これまで七回にわたり神の調整を受けてきました。

人類の意識は一日目、二日目、三日目と「日」を経る毎に調整を進めてきました、人類の意識は揺らぎ、堅く立ってはいなかったのです。そして今、日本人は腎《むらと》を機能させて、意識の精錬を進めていくでしょう。

人類の意識が、神の調整を必要としない「確固たるもの」となっていくのです。「真理」が「偽り」を倒し、創造の七日目にして人類の意識は神となるのです。ですから創造の八日目はありません。七日目にして、「日が堅く立てられる」ことになります。しかしそれまでは、暗黒の世を照らす光（真理）が私たちを正しく導いてくれるでしょう。

私たち日本人は聖書に隠されている真理を集め出し（真理が会堂に集まる）、どんでん返しに向かって光を強力にしていかねばなりません。それが、「いよいよ明るさを増してゆく輝く光のようだ」と書かれているのです。日本人はこの預言（真理）を見事に成し遂げて、「日」を堅く立てることになるでしょう。宗教の「ひな型」に戻ります。

病人を治す行為も、偽りの意識を「病人」に例えてのことです。真理《イエス》によって、病人である偽りの意識が正されることを意味します。では、神殿の箱（賽銭箱）に入れるお金（寄付）とは何を表しているのでしょうか？

実は「箱」も脳を表します。脳にお金を入れる行為は、神に対してのものです。それで「お金」とは、自らの意識を神に成長させるために必要なもの、つまり真理を見出し、意識を正していくために要するエネルギーや時間、そのための諸経費に相当します。しかし「貧しいやもめ」は、お金を入れる以上のことをしました。「自分の持つもの全部、その暮らしのもとをそっくり入れ」ています。

貧しいやもめは「山」の縄文人と同様に、真理の意識化に成功したのです。やもめの生き方そのものが真理だったのです。

偶像崇拝についても考えてみましょう。偶像とは「意識の像《かたち》」を表したものです。それで偶像とは、「偶かな意識」を意味します。つまり真理に逆らい、人類を欺くための「偽りの教え」を指しています。それは背教者が創った宗教の教えであり、宗教を信じている人は偶像崇拝者なのです。

救いとは、人類が宗教を捨て、「あやかしの世界」から出ることです。そのためには自分で努力しなければなりません。背教者が創った宗教は他力本願であり、真の救いから人類の関心を奪うものです。

神仏に依存することは、自分の精神を預けることです。それは自分で考えて努力する――という行為を放棄するものです。信仰心は尊いという考え方は、一つの場合については真実です。しかし偽りの教えに従って自分の価値観や生き方を決定するのは、自己放棄にも等しい行為です。

真の信仰は、真理を自分の思いとして生きることです。その信仰心は尊いものです。なぜならそれは「神出現」に繋がるからです。

宗教の滅び

「バベルの塔」の「バベル」とは何を意味しましたか？　創世記11章9節を振り返ってみましょう。
「それゆえにそこの名はバベルと呼ばれた。そこにおいてエホバは全地の言語を混乱させたからであり、エホバは彼らをそこから地の全面に散らされた」
「全地」とは、背教したすべての縄文人です。一致団結していた彼らは、創造の七日目の神による調整期間に入ると、「例え話」の理解の仕方が異なるようになり、お互いに理解不能となって分裂し、日本を去りました。言語の混乱が様々な宗教を誕生させ、世界中に広がりましたが、様々な宗教の誕生が「バベル」なのです。「バベル」は世界中に広がり、「あやかしの世界帝国」を築き上げました。

背教した縄文人はバベルの産みの親です。そして背教（宗教）を信じた、あるいは受け入れた世界中の多くの人々は、背教した縄文人を「母」とする立場にあります。

伝承文化では、心や意識などの目に見えないものは「男」、脳（人間）や遺伝子などの目に見えるものは「女」と分類しています。それで宗教を信じた、あるいは受け入れた人間（妻）は、本来結びつくべき正しい意識（夫）ではなく偽りの意識（夫以外の男）と結び付いたことになり、「娼婦」に例えられています。そして娼婦の「母」である背教した縄文人は、ヨハネへの啓示17章5節で「大いなるバビロン」と表現されています。

「大いなるバビロン、娼婦たちと地の嫌悪すべきもの（宗教）との母」

現在、「大いなるバビロン」となった縄文人は存在しませんが、「大いなるバビロン」は他民族に引き継がれて存在してきたのです。大いなるバビロンはヨハネへの啓示17章18節で「大いなる都市」と表現されています。

「あなたの見た女（大いなるバビロン）は、地の王たちの上に王国を持つ大いなる都市を表わしている」

「大いなる都市」は、同じヨハネへの啓示16章19節で「三つの部分」に裂けていたことが分かります。それは日本列島を去った背教者が、「三つの解釈」をもって「三つの宗教」を創ったことを意味します。その宗教はエルサレムを聖地とするユダヤ教、キリスト教、イスラム教です。次の預言をご覧ください。

「エルサレムは、諸国民の定められた時が満ちるまで、諸国民に踏みにじられるのです」（ルカによる書21章24節）

しかし「諸国民の定められた時」が満ちたなら、エルサレムには神が戻られます。

「わたし（エホバ）はシオンに帰り、エルサレムの中に住む。エルサレムはまさしく真実の都市と呼ばれ、万軍のエホバの山は聖なる山と〔呼ばれる〕であろう」（ゼカリヤ書8章3節）

三つの宗教はこれらの預言を信じているために、エルサレムを非常に重要視しています。しかしエルサレムとは、かつて神の神殿となっていた「山」の縄文人たちを表します。それらの「山」は現代日本人の一万二千人に甦り、「万軍のエホバの山」となります。「大いなるバビロン」には理解できない真理です。大いなるバビロンの状況はヨハネへの啓示17章3節で、次のように描写されています。

「そこでわたしは、冒とく的な名で満ちた、七つの頭と十本の角を持つ緋色《ひいろ》の野獣の上に、ひとりの女が座っているのを目にした」

この女が「大いなるバビロン」です。「七つの頭」は創造の七日間における神の調整を受けた意識で、人類の意識を導く立場にあることから「頭《かしら》」と示されています。「十本の角」は頭《あたま》から生え出る意識を表しますが、「十本」とは何を意味するのでしょうか？

伝承文化では、本能を縦線、思考力を横線で表します。縦線と横線が組み合わさった「十《クロス》」は本能と思考力の調和が保たれていることを示し、人類が生じさせた正しい意識を「十本の角」と表してあります。ところが「七つの頭」と「十本の角」を持つのは、緋色《ひいろ》の野獣なのです。

現代人は「緋色」を赤や紅と同じ意味で用いますが、実は全く別の意味があるのです。「緋」は「糸に非《あら》ず」です。「糸」は遺伝子を表しますので、「糸に非ず」とは、人類が生物進化の過程で遺伝として受け継いできた本能が欠如していることを示します。「野獣」とは、人類の意識を生物進化に照らし合わせて、人類が出現する以前の野獣に例えたものです。つまり創造の七日間における、本能の欠如した人類の未完成の意識が、「冒とく的な名で満ちた緋色の野獣」なのです。

「大いなるバビロン」である「ひとりの女」が、この野獣の上に座っています。これは女（脳）と野獣の関係を示します。普通は脳（女）が意識（野獣）を生じさせますから、女の上に野獣が座ることになります。しかしこの描写は逆の状態を示しています。野獣が女を乗せている、つまり意識が脳を支配し、脳は意識の奴隷となっている様を表しているのです。

さて、この野獣は実体を伴っています。「十本の角」と「緋色の野獣」という相反する二つの意識を兼ね備えたもの――といえば聖書です。「大いなるバビロン」となっている人間は、この野獣に支配されています。本来なら自ら考えて判断を下すべきことを放棄し、野獣（冒とく的な意識）に従っているのです。これが宗教の実態です。

「大いなるバビロン」が興したユダヤ教、キリスト教、イスラム教は宗教という概念を広め、人類にさらに多くの宗教を誕生させてきました。ヒンズー教や仏教や神道、そして様々な地域で土着の宗教が誕生していったのです。「大いなるバビロン」は世代交替を繰り返しながら、現代にまで引き継がれてきました。これは意味のあることなのです。

緋色の野獣には「十本の角」がありました。十本の角は、マタイによる書13章33節では、パン種（真理）が発酵熟成させたパン（正しい意識）に例えられています。

「天の王国はパン種のようです。女がそれを取って大升三ばいの麦粉のなかに隠したところ、やがて塊全体が発酵しました」

「大升《ます》三ばいの麦粉」とはユダヤ教、キリスト教、イスラム教の教えを表します。「パン種」は真理です。つまり、これらの宗教には真理が隠されているのです。パン種は塊全体を発酵させ、立派なパン（正しい意識）となるでしょう。宗教は、立派なパンとなる途中の存在であり、到達点ではありません。

日本においては、まずキリスト教から真理に立ち返る現象が生じるのかもしれません。本著は、日本人が正しい選択をするためのものです。ここは日本人の踏ん張りどころ、手遅れにならないうちに、どうか立派なパンに完成してください。いみじくも聖書は、「大いなるバビロン」の滅びも教えているのですから――。

「これらのことの後、わたしは、別のみ使いが天から下って来るのを見た。彼は大いなる権威を持っており、地は彼の栄光によって明るく照らされた。そして、彼は強い声で叫んで言った、『彼女は倒れた！　大いなるバビロンは倒れた。そして、悪霊たちの住みか、あらゆる汚れた霊の巣窟、またあらゆる汚れた憎まれる鳥の潜む場所となった！　彼女の淫行の怒りのぶどう酒（宗教の教え）のためにあらゆる国民が〔いけにえ〕にされ、地の王たち（政治）は彼女と淫行を犯し、地の旅商人たち（経済）は彼女の恥知らずのおごりの力で富を得たからである』」（ヨハネへの啓示18章1～3節）

「大いなるバビロンは倒れ」ました。大いなるバビロンの三つの宗教に限らず、存在する宗教のすべてが、その価値を失うでしょう。大いなるバビロンとなっている人間の意識は、「悪霊」、「汚れた呼気」「憎まれる鳥」と示されているように、人々から忌み嫌われるものとなるはずです。

「鳥」は空中を飛ぶので「意識の伝播《でんぱ》」を表しますから、「汚れた憎まれる鳥の潜む場所」とは、大いなるバビロンとなっている人間が、人々から憎悪される意識の発生源となることを示しているのです。世界中にある神社や寺院を始め様々な宗教関連施設は、現在と逆の立場に立たされることになるでしょう。

「大いなるバビロン」は「地の王たち」である政治と「地の旅商人たち」である経済とともに「あやかしの世界」を築いてきました。しかし真理が解明した今、「あやかしの世界」は崩壊していくでしょう。それで今、私たちはどのように対処したらいいのでしょうか？

「また、わたしは天（山）から出る別の声がこう言うのを聞いた。『わたしの民よ、彼女の罪にあずかることを望まず、彼女の災厄を共に受けることを望まないなら、彼女から出なさい。彼女の罪は重なり加わって天に達し、神は彼女の〔数々の〕不正な行為を思い出されたのである。彼女自身が返したとおりに彼女に返し、二倍を、つまり、彼女が行なったことの二倍を彼女に行ないなさい。彼女が混ぜ物を入れた杯に、二倍の混ぜ物を彼女のために入れなさい。彼女が自分に栄光を帰し、恥知らずのおごりのうちに暮らしたその分だけ、彼女に責め苦と嘆きを与えなさい。彼女は心のなかで、〝わたしは女王として座す。やもめなどではない。嘆きを見ることは決してない〟と言いつづけているからである』」（ヨハネへの啓示18章4～7節）

彼女、つまり「大いなるバビロン」から出なさい――とは何を意味するのでしょう？ 現代に存在する「大いなるバビロン」とは三つの宗教に限らず、背教の精神が誕生させたすべての宗教における宗教指導者や信者の皆さんに相当するでしょう。これらの皆さんが宗教を捨てるのなら、その人たちは「大いなるバビロン」ではなくなります。つまり「大いなるバビロン」から出たのです。

もし宗教に留まるなら、その人の「杯」である脳に、「二倍の混ぜ物」が入れられるでしょう。これは宗教に留まり続けるなら、二倍の報復をもって偽りの意識に支配されることを示します。

つまり偽りの意識で雁字搦《がんじがら》めにされ、真理に来ることはないでしょう。多くの罪を重ねながらも、「大いなるバビロン」は「わたしは女王として座す」と強気な態度を変えません。自らの栄光を捨てられないのです。それで神は行動を起こされます——といっても、実際に神が大いなるバビロンを壊滅させるわけではありません。「人類が自らの力で事を成し遂げる歴史」を選ばれるのです。大いなるバビロンは滅びるでしょう。

「そのために、彼女の災厄は一日のうちに来る。それは死と嘆きと飢きんであって、彼女は火で焼き尽くされるであろう。彼女を裁いたエホバ神は強い方だからである」（同8節）

「一日のうちに」とは文字どおりの一日ではなく、「創造の七日目のうちに」という意味です。ですから創造の七日目が終了する前に宗教の滅びがあるでしょう。滅びに際して、大いなるバビロンに生じる「死」と「嘆き」と「飢きん」とは何でしょうか？

「死」とは、真理の出現により、宗教の教えが偽りであることが明らかになり、教えの価値がなくなったことを意味します。そうなると、大いなるバビロンとなっている指導者や信者は悲しんだり憤慨したりして、彼らの意識は「嘆き」に変わります。加えて、彼らは真理を認めないため、自らの意識を養う知識を見出すことができません。これが「飢きん」です。アモス書8章11節をご覧ください。

「『見よ、〔その〕日が来る』と、主権者なる主《しゅ》エホバはお告げになる。『そしてわたしはその地に飢きんを送り込む。パンの飢きんではない。水の渇きでもない。エホバの言葉を聞くことの〔飢きん〕である』」

現在、本著で明らかにしたように、パン（真理）も水（正しい意識）もあるのです。問題は、それを認めない人々がいることです。「イザヤの預言」を思い出してください。

「あなた方は聞くには聞くが、決してその意味を悟らず、見るには見るが、決して見えないであろう。この民の心は受け入れる力がなくなり、彼らは耳で聞いたが反応がなく、その目を閉じてしまったからである。これは、彼らが自分の目で見、自分の耳で聞き、自分の心でその意味を悟って立ち返り、わたしが彼らをいやす、ということが決してないためである」（マタイによる書13章14、15節）

イザヤの預言どおり、大いなるバビロンとなっている人間は、自らのおごりの精神により、真理によっていやされることはありません。大いなるバビロンに生じた「死」と「嘆き」と「飢きん」により、彼らの脳は「火で焼き尽くされる」ことになります。

「火」は精錬の象徴ですが、精錬とは不純なものを取り除く――という良い意味に多く使われています。しかしこの場合、「焼き尽くされる」と示されているとおり、焼き尽くされて何も残らない、つまり滅びを意味します。脳の滅びは、脳の機能を損なうことだと思います。そうなれば脳の指令によって機能する人体にも多大な影響が生じ、生命を失うことになりかねません。こうして「大いなるバビロン」は地球から消えていくのです。これが神のご意志であることは、次の聖句が明らかにしています。

「神はご自分の考えを遂行することを彼らの心の中に入れたからである。すなわち、彼らの王国を野獣に与えて〔彼らの〕一つの考えを遂行し、神の言葉の成し遂げられるに至ることである」（ヨハネへの啓示17章17節）

「彼らの王国」とは何でしょうか？「王」とは神の調整を受けた人類の意識です。「国」は口と玉から成り、「口《くち》」はパン（啓発された真理）を食べる脳、「玉《たま》」は魂《たま》で心が生じさせる意識を表します。それで「国」は人間を意味します。「彼らの王国」とは、創造の七日間において神の調整を受けた人間を意味するのですが、この場合は「山」となった縄文人です。縄文人のうちの一部は背教者となりましたが、これが「彼らの王国（縄文人）を野獣（冒とく的な意識）に与えた」ことであり、偽りの精神がもたらす結末を人類に見せ、人類が意識を正す動機づけとされたのです。

現在は未だ創造の七日目ですが、本来なら、創造の七日目は「水瓶座」の時刻を迎えると同時に終了したのです。今回はなぜ終了しないのでしょうか？

神が人類を調整する「創造の七日間」は、七日目をもって終了します。それで今後、人類が神による調整を受けることはありません。ですから人類は、自らの力で真理を見出して「大いなるバビロン」を倒し、「あやかしの世界」から解放されなければなりません。そのために、予定の時刻より少し遅れているのです。その点を聖書は次のように説明しています。

「エホバはご自分の約束に関し、ある人々が遅さについて考えるような意味で遅いのではありません。むしろ、ひとりも滅ぼされることなく、すべての者が悔い改めに至ることを望まれるので、あなた方に対して辛抱しておられるのです」（ペテロの第二の手紙3章9節）

「大いなるバビロン」は政治と経済に多大な影響を与えながら、「あやかしの世界」を築き上げてきました。大いなるバビロンが最も大切にした精神は、「自らの栄光を求めること」でした。この精神は宗教だけでなく政治や経済にも反映され、名誉や権力を求めたり、法外な蓄財に走らせたりして、人類に自分天下の道を歩ませたのです。

民族や国家間の争いを引き起こし、戦争という愚かな行為に走らせるのも、元を質《ただ》せば「自らの栄光を求めること」に行き着くでしょう。「自らの栄光を求める」という価値観で築き上げられた「あやかしの世界」から出ることが、「解脱」です。どうせ栄光を求めるのなら、「自らの」というケチ臭い、しみったれた栄光など求めず、最高にして最大の栄光を求めてください。

三十八億年という膨大な年月を費し、過去に存在したすべての生物総動員で築き上げてきた地球の自然界を、人類の知恵をもってさらに素晴らしいものにしましょう。そして、神となった人類の意識が造り出す「新しい世界」を想像してみてください。

『神とは?』の項で出てきた量子論を覚えていますか? 支配霊となっている人類の意識が「目に見える世界」を造り出しているのなら、支配霊が神(意識)に代わることで、「目に見える世界」も変化するかもしれません。造り手(支配霊)は地球に対する深い愛を抱いていますから、地球に生息する生き物も同様に、他の生き物に対して深い愛を抱くのではないでしょうか? 弱肉強食の世界は、生き物の間においても人類意識においても、過去のものとなっているでしょう。

弱肉強食の世界で見られる価値観、強者が権力を行使して弱者を支配する——という発想は背教者が抱いた奢りの精神そのものです。そのような精神が地球の自然界を壊し、人類社会に悲しみの連鎖を生み出してきたのです。その最たるものが戦争でしょう。

人類は、一万一千年に及ぶ背教の歴史がもたらした多くの罪を経験してきました。「新しい世界」は、その体験学習の上に築かれるのです。人類は体験学習を土台として、真の平和を築き上げるでしょう。私は、そのような地球の栄光を求めているのです。

イエスについて証しする

さてこれまで、宗教がどのように人類を誤導して、人類の罪を明らかにしたのかを記してきました。日本民族は非常に重要な役目を担《にな》ってきましたが、日本民族が果たすべき重要な役目は未だ残っているのです。これから説明しましょう。

真理は、あまりにも長い年月にわたる出来事なので、人類の記憶に留まることはできません。しかし私たちの先祖は、啓発された真理を成就すべく生きてきたのです。私たちの先祖の生き方の意味、さらに私たちに求められていることをお話ししたいと思います。それは、「イエスについて証しする」生き方です。

「イエスについて証しすることが預言に霊感を与えるものなのです」（ヨハネへの啓示19章10節）

イエスについて証しする――とは、何を意味するのでしょうか？　クリスチャンの多くの方は、聖書に書かれているイエスの教えを広めたり、イエスは人類を救うためにご自身の命を犠牲にされたことを説明したりして、証しの業を行っている……と思っています。しかし「例え話」をいくら説いたところで、何の意味もありません。

イエスの正体は真理でした。では、真理について証しする――とは、何を意味するのでしょうか？

「証し」とは、確かなよりどころを明らかにすること、つまり真理が真理であることを明らかにする行為なのです。もっと具体的に説明するなら、真理が実証されることです。そうすることにより、聖書の預言どおりになったことが実証され、その行為は「預言に霊感を与えるもの」となります。

これは日本民族による「自作自演」ではありません。神が人類に命じたこと（真理の啓発）を日本民族だけが理解し、神が命じられたとおりに事を進めてきたのです。ですから日本民族が真理を理解したとき、日本民族の意識は「神の民イスラエル」となりました。この出来事の完全な成就は、創造の六日目に生じました。

六日目の神の調整期間中に、縄文人の先祖は啓発された真理を完成させ、聖書として編集された多くの書を「あやかしの言葉」を用いて書き上げました。これらの業績により、縄文人の先祖の脳は完成し、意識も完成していくのです。これは、創世記1章27、31節を成就するものとなりました。

「そうして神は人をご自分の像《かたち》に創造してゆき、神の像にこれを創造された。男性と女性にこれを創造された。……六日目である」

「人」とは、縄文人の先祖の意識と脳です。彼らは真理を完成させることにより、意識と脳を「神の像」としたのです。意識は男に、脳は女に例えられましたから、縄文人の先祖は創造の六日目に、「男性」である意識と「女性」である脳を完成して、預言（真理）を実証しています。「神の像《かたち》」とは、本能と思考力のバランスが良いことを表します。彼らは啓発された真理を成就させることが、自らの使命であることを理解していたのです。それ故、真理を表現するための文字、真名《まな》を発明して、聖書の数々の書を書き上げたと思います。

この時点では、真理は知識の段階に留まっていますので、真理（預言）は「律法」と表現されています。以降、日本民族は「神の民」として律法を守る責任があることを理解したのです。

すべての縄文人の先祖は律法を知り、律法を守ってきたのですが、千年、二千年、三千年と長い年月を経るにつれ、「あやかしの言葉」のなかに隠した真理が次第に不明確になってくる先祖が現れました。彼らは約一万年たった頃、背教者として存在するようになったのです。彼らの背教を、「山」の縄文人はどのように見ていたのでしょうか？

「山」の縄文人は真理への愛を保つことで、真理の意識化（師成る《シナル》）に成功しました。自らの生き方によって真理を実践している彼らに、律法は必要ありません。彼らから律法は取り除かれたのです。とはいえ、彼らは「あやかしの言葉」に隠されている真理を明確に知っていました。だから自分たちのなかから背教者が出て、宗教を興すことを知っていたはずです。

「だれにも、またどんな方法によってもたぶらかされないようにしなさい。なぜなら、まず背教が来て、不法の人つまり滅びの子が表わし示されてからでなければ、それは来ないからです。彼は、すべて〔神〕と呼ばれる者また崇敬の対象とされるものに逆らい、自分をその上に高め、こうして神の神殿に座し、自分を神として公に示します」(テサロニケ人への第二の手紙2章3、4節)

「不法の人」とは何を意味するのでしょう。不法の人(滅びの子)は背教が生じてから表わし示されます。背教から生まれたのは宗教でした。不法の人は宗教を指すのです。では、宗教が誕生してから来る「それ」とは何でしょうか? 同じテサロニケ人への第二の手紙2章2節に「エホバの日」と示されています。エホバの日とは、エホバ神が人類の意識を正される時代を指します。

「山」の縄文人は、自分たちのなかから背教が生じ、宗教が誕生することを知っていました。そして宗教が私たち現代人によって滅ぼされることも、「滅びの子」という表現から分かるように、知っていたはずです。彼らは、仲間が背教の道を歩まないよう警戒したでしょう。しかしその一方で、預言のとおりに背教者が出て数々の宗教を誕生させていくのを、何世代にもわたって目撃したのです。そして自分たちが「山を移す」ために、真理を封印することも察していたでしょう。

「山」の縄文人は聖書で預言されている真理が真理であることを、身をもって実証したのです。これが「イエスについて証しする」ことです。

背教者たちについても考えてみましょう。彼らは真理への愛がなかったので、世代を重ねるごとに真理に無関心になっていったと思います。真理が背教者の出現を教えていたにもかかわらず、彼らは、自らを背教者にしてしまいました。そこには、自らの栄光を求めた彼らの生き様がありました。しかし彼らも、背教者が出るという真理が真理であることを実証することで、「イエスについて証し」したのです。

さて、現代に生きる私たちは、どのように証しできるでしょうか？ まず、「大いなるバビロン」から出て、「大いなるバビロン」を倒すことができます。そして、真理を広めるという重要な預言を成就させねばなりません。

「王国のこの良いたよりは、あらゆる国民に対する証しのために、人の住む全地で宣べ伝えられるでしょう。それから終わりが来るのです」（マタイによる書24章14節）

「王国の良いたより」とは、人類を「あやかしの世界」から救出する便りです。本著はそのために書き上げました。「全地」とは、元々は「地」となったすべての縄文人を意味しましたが、彼らの存在しない現在は、彼らの遺伝子を受け継いでいる日本人に相当します。

「人の住む全地」とは、意識（人）のしっかりとしている日本人を意味し、王国の良い便りが何らかの方法で、それらの日本人の知るところとなるはずです。それらの日本人は真理に目覚め、全人類に対する「証し」となるための行動を取るでしょう。それから「あやかしの世界」に終わりが来るのです。これは非常に重要な「イエスについての証し」であり、次の預言を成就させることでもあります。

「それからわたしは、新しい天と新しい地を見た。以前の天と以前の地は過ぎ去っており、海はもはやない」（ヨハネへの啓示21章1節）

「以前の天」とは縄文人が完成させた脳（山）を指し、それ以外の人類の脳は「以前の地」です。現代人の脳も「以前の地」に相当します。しかし人類が心を入れ替えて正しい意識を取り戻し、「あやかしの世界」から出ることができたなら、人類は「新しい天」と「新しい地」となり、海（偽りの意識）は消えているでしょう。「新しい天」の出現は、日本民族が「山を移す」行為でもあり、次のように描写されています。

「聖なる都市、新しいエルサレムが、天から、神のもとから下って来るのを、そして自分の夫のために飾った花嫁のように支度《したく》を整えたのを見た」（同2節）

「聖なる都市」は、背教した縄文人が造った「都市」ではありません。「聖なる」という形容詞は意識の神格化を示しており、思考力（人工的要素）が本能（自然的要素）と調和して、「理性」となって働いていることを意味します。そのとき、日本民族から出現する一万二千人の人間（山）全体で、

「新しいエルサレム」を構成することになるでしょう。

「新しい」という形容詞が付いていることは、それ以前にもエルサレムがあったことを示します。それは、「山」であった縄文人たち全体を指す言葉であり、中東にあるエルサレムは真理とは何の関係もありません。

「新しいエルサレムが下って来る」とは、何を意味するのでしょうか？　新しいエルサレムは「天」です。人類すべての脳は「地」です。ところが「地」に「天」が現れることを、「新しいエルサレムが下って来る」と表現してあり、神を出現させた「地」が「天」となるのです。

さて「新しいエルサレム」は、「自分の夫のために飾った花嫁のように支度を整え」ました。「自分の夫」とは、真理に基づく正しい意識を指します。では、「正しい意識（夫）のために飾る」とは何を意味するのでしょうか？

「飾る」を「着飾る」と考えてください。真理では、脳を造る遺伝子を「衣」に例えています。人間の遺伝子は真理によると十二本ありました。完全な脳は、十二本のすべての遺伝子が現れているはずです。雛《ひな》人形を考えてください。

お雛様（女雛）は十二単《ひとえ》を着ています。お雛様は女ですから脳を表します。十二単は、十二本の遺伝子一式（単）で、脳が完成することを教えています。それでお雛様は、完成した脳の雛形《ひながた》であることから「お雛様」といわれるのです。「新しいエルサレムが自分の夫のために飾った」とは、正しい意識（夫）に相応しい脳となったことを意味し、十二本すべての遺伝子によって造られる完成した脳となっていることを表しています。つまり一万一千年の時を越えて、日本民族は「山を移す」ことに成功するのです。

「見よ！　神の天幕が人と共にあり、〔神〕は彼らと共に住み、彼らはその民となるであろう。そして神みずから彼らと共におられるであろう。また〔神〕は彼らの目からすべての涙をぬぐい去ってくださり、もはや死はなく、嘆きも叫びも苦痛ももはやない。以前のものは過ぎ去ったのである」（同3、4節）

遺伝子は「糸」にも例えられています。本能の働きによる遺伝子は「縦糸」、思考力による遺伝子は「横糸」です。「神の天幕」は縦糸と横糸の双方によって織られており、本能と思考力のバランスの取れた脳（天）を表します。「神の天幕」とは「新しい天」であり、天幕（テント）のように、正しい意識である「人」を保護してくれるでしょう。それが、「神の天幕（脳）が人（意識）と共にあり」と表現されているのです。

また、神ご自身が「正しい意識」の主体であるため、「神みずから彼らと共におられる」ことになります。「もはや死はなく、嘆きも叫びも苦痛ももはやない」という表現は、「正しい意識」が葬られることはなく、人類に「正しい意識」と認識されて存在し続けることを示します。日本民族は一万一千年以上前の時代のように、全人類の模範的存在となるでしょう。

人類の先祖クロマニヨン人（現生人類）は、思考力に優れた最初の人類でした。しかし優れた思考力故《ゆえ》に、利他的な本能を失っていったのです。人類に生じたこの欠陥を補うため、神は創造の七日間を人類に臨ませました。この時点での人類は、人間として堕落していました。創造の七日間は「堕落」した人類を「補」うためのもので、創造の七日間が終了したとき、人類は本物の人間となれるのです。

真理では、啓発（パン）を受ける脳を「口《くち》」に例えます。パン（真理）を食べる（理解する）のは「口」だからです。そして心が生じさせる魂（意識）を「玉」に例えました。それで人間は、「口」と「玉」を組み合わせて「国」と表現されました。創造の七日間を終了することにより、堕落した人間（国）は補われ、本物の人間となれるでしょう。これが補陀洛国《ふだらくこく》（補堕落国）です。

人類は不慣れな思考力の用い方を、創造の七日間における経験を通して学んできたのです。思考力は用い方によって、プラスにもマイナスにも働く両刃の剣であることを、人類は充分に理解できたことでしょう。そして両刃の剣の切れ味を鋭くするものが、聖書だったのです。

聖書

背教が、数々の宗教を誕生させました。聖書とは無関係と思われる宗教も、そのルーツをたどるなら、一万一千年以上前の「バベル」に行き着くのです。「例え話」が様々な解釈を生み、その解釈も、地域の環境や暮らし方の違いなどにより、地域ならではの姿に変化したと思います。ですからすべての宗教は同じ括《くく》りのなかにあり、私は「あやかしの世界帝国」と呼んでいます。

「あやかしの世界帝国」の最大の罪は、人類が育てなければならない「真理への愛」を、人類から奪ったことです。これまで人類は聖書の「例え話」を神の言葉とし、「例え話」を免罪符として自らの欲望を剝《む》き出しにしてきました。「あやかしの世界帝国」はこの精神が土台となっています。宗教は人間のなかに潜む醜い心を露《あらわ》にし、人類の罪を明らかにしたのです。これは宗教のもたらした功績であり、宗教が存在した最大の理由でしょう。

真理が知識の段階に留まっていた当時、真理は「律法」と表現され、縄文人の先祖に「守るべき掟」と理解されていました。知識の段階の真理は不安定な立場でした。それ故に背教が生じて宗教の興りをもたらしたのです。これを聖書では「律法ののろい」と表しています。

「律法の業に頼る者は皆のろいのもとにあるからです。……キリストはわたしたちの代わりにのろわれたものとなり、こうしてわたしたちを律法ののろいから買い取って釈放してくださったのです」（ガラテア人への手紙3章10、13節）

人類に「真理への愛」が育たないうちは、律法（真理）は人類を拘束し、人類から自由を奪う存在に思えたかもしれません。律法を重荷と感じ、重荷を下ろすことを望んだ人もいたでしょう。それらの人の心は律法から離れ、背教者となる道を選んだのです。

人類を背教という「のろい」から解放するために、キリスト（真理）ご自身が「のろわれたもの」、つまり偽りの真理となって宗教の教えのなかで語り継がれてきました。これを「キリストの死」とも表現しています。そして今、私たちは宗教の欺瞞《ぎまん》に気づいています。

キリスト（真理）は一万一千年の間、「のろわれたもの」となり、人類に背教（宗教）のもたらす結末を見せてくれました。この結末は、人類が「真理への愛」を抱く強い動機づけとなるはずです。そして人類が「真理への愛」を抱いたなら、このとき人類は、「律法ののろい」から解放されるのです。

今、真理を通して、一万一千年前の縄文人の気持が痛いほど私に伝わってきます。そして一万一千年前の縄文人は、さらに一万年以上前の縄文人の先祖の気持を、真理を通して理解していたのです。人間の記憶には収まり切らない一万年以上昔の遠い日々の出来事が、真理によって伝達されているのです。私はこの作用が、時を越えて日本民族の心を一つにし、「意識の循環」を可能にしているのだと思います。一万一千年以上前の縄文人の意識が子孫の思いに甦って来ることを、彼らは知っていました。日本の言葉は確かに言霊《ことだま》です。

それにしても、聖書の果たす役割には普通を越えた力があります。「真理」と「偽り」の二つの顔を持ち、それぞれの顔が人類を動かして、最終的には人類の意識を完成させ神出現に至らせるのです。これを成し遂げるためには、真理だけでは不可能ですし、偽りだけでも不可能です。表と裏の二つの顔が必要だったのです。そして、それを可能とした「あやかしの表現」を考え出した縄文人の先祖に、私はただただ脱帽です。

同じ話のなかに「真理」と「偽り」とを存在させることで、背教の精神が支配する世の中にあっても、真理は消えることなく存在することができたのです。「真理」を小麦に、「偽り」を雑草に例えた話が、マタイによる書13章24節から30節に記されています。畑の小麦の間から雑草が生えてきたのを見た奴隷が、主人に雑草を集めることを望まれるのかと問いました。主人は何と答えたでしょうか？

「いや、雑草を集めるさい、小麦も一緒に根こぎにすることがあってはいけない。収穫まで両方とも一緒に成長させておきなさい。収穫の季節になったら、わたしは刈り取る者たちに、まず雑草を集め、焼いてしまうためにそれを縛《しば》って束にし、それから、小麦をわたしの倉に集めることにかかりなさい、と言おう」

もし人類が聖書を葬れば、聖書に秘められた真理もともに葬られてしまいます。それが「小麦も一緒に根こぎにする」ことです。つまり宗教の繁栄が聖書を守り、真理を守ってきたという、宗教にとって皮肉な事態が生じていたのです。雑草は集められ、一つの束になります。その束とは、真実の神に代わって自らを崇めさせてきた宗教界全体の意識であり、「あやかしの世界帝国」なのです。

宗教が偽りであることが明確になると、奴隷は次に小麦を集めます。小麦はどこに集められますか？「わたしの倉」、つまり主人である神の倉です。「倉」は意識を収める脳を表しますので、神（意識）を出現させる日本人の脳に小麦（真理）が集められるでしょう。これは「神」を出現させる日本人が、真理を知ることを意味します。

からしの種粒

真理を公に明らかにしているのは、今のところ私以外には存在しません。それで私の見出した真理を「からしの種粒」として見るなら、次の預言を成就させるでしょう。

「天の王国はからしの種粒のようです。人がそれを取って自分の畑に植えました。実際それはあらゆる種《たね》の中で一番小さなものですが、成長したときには野菜のうちで一番大きくて木のようになり、天の鳥たちが来て、その枝の間に宿り場を見つけます」(マタイによる書13章31、32節)

人(後に神を出現させる意識)が「からしの種粒」を自分の畑に植えました。これは本著を読むことで、「からしの種粒」に例えられている真理を知ることになります。つまり「畑」に例えられている自分の脳に、真理(種粒)を記憶させる(植える)わけです。

からしの種粒(真理)は「あらゆる種の中で一番小さなもの」です。宗教の繁栄する世の中で、真理が現代人の意識(野菜)を育てることはありませんでした。育てたのは私と、私の著書を読んでくださった方のなかの少数の人だけですから、「一番小さな」種なのです。しかし、この種が成長したときには、「野菜のうちで一番大きくて木のようになり」ます。

現代人の脳はすべて「地」であり、そのなかの「畑」に種は植えられました。「地」が生じさせる意識は野菜に例えられています。からしの種粒から成長した野菜は、「木のようになり」ます。そして「天の鳥たちが来て、宿り場を見つけ」ます。この表現は、脳と意識の変化を示したものです。

意識は「木のように」成長して、「天の鳥が宿り場を見つけ」ます。「天」とは完成した脳を表し、「鳥」は意識の伝播《でんぱ》を表します。この場合は「天の鳥」ですから、完成した脳が生じさせる正しい意識（神）の伝播を意味するのです。それは本著を読んだ人が自らの意識を成長させ、それによって脳は「天」となり、正しい意識の伝播（天の鳥）を生じさせることを表現したものです。

「天の鳥」は「宿り場」を見つけます。つまり「天の鳥」は一過性の現象ではなく、人類社会に影響を与え続けることを意味します。それは「新しいエルサレム」としての働きを始めることなのです。しかし大切なことは、からしの種粒を成長させられるか――ということです。本著を読むことは、日本語が分かれば誰でもできることですが、自身のうちで意識（野菜）を成長させることができるか否かは、その人の熱意や心の在り方に左右されるでしょう。ですから、発芽さえしない人もいるわけです。

かつて縄文人は、「からしの種粒」ほどの信仰を抱いて、「山を移す」という大胆な行動を取りました。もう一度、マタイによる書17章20節をご覧ください。

「あなた方に真実に言いますが、からしの種粒ほどの信仰があるなら、この山に、『ここからあそこに移れ』と言うとしても、それは移るのであり、何事もあなた方にとって不可能ではないのです」

「山」の縄文人にとって、真理は縄文文明を築き上げた重要な存在であり、決して「からしの種粒」ではありませんでした。「からしの種粒」とは、現代における真理の立場を表しています。では、「からしの種粒ほどの信仰」とは何を意味するのでしょうか?

現代人のほとんどは、からしの種粒を自分の脳（地）には植えません。しかし真理を知って思いを変えた人の脳は精錬されていきます。精錬は「火」で示され、「地」が精錬されると「畑」になります。からしの種粒は、畑に植えなければ成長できません。「地」を「畑」にするためには、真理に対する愛が必要です。

現代において、真理は宗教に隠されていますから存在感はありません。確かに、「からしの種粒」です。しかし、現在の人類社会の在り方に多くの人が疑問を抱いているでしょう。そのような人が、「からしの種粒」を自分の畑（脳）に植えることになるのかもしれません。それらの人々が真理を確心し、篤《あつ》い信仰心を育てることになるでしょう。その篤い信仰心は「からしの種粒」が生じさせたものです。「山」の縄文人の信仰を「からしの種粒ほどの信仰」と表現したのは、これから私たち日本人の抱く信仰心が、「山」の縄文人の信仰心と同等であることを示しているのです。

一万一千年前の「山」の縄文人の信仰心が、現代日本人に甦ってくることになります。「からしの種粒」は一万一千年の時を越えて、日本民族の心を一つに繋ごうとしているのです。

●聖句の引用は『新世界訳聖書』を用いました

●参考資料

『科学と宗教との闘争』ホワイト著（岩波書店）
『神々の指紋』グラハム・ハンコック著（翔泳社）
『人類の起源』（集英社）
『宇宙はなぜあるのか』P・C・W・デイヴィス著（岩波書店）
『朝日新聞グローブ　№41』（朝日新聞社）
『Dの複合』松本清張著（新潮社）

著者プロフィール

竹山 正子（たけやま しょうこ）

愛知県出身、愛知県在住。

聖書の矛盾点に疑問を持ち、独力で真理を求め続ける。様々な伝承文化との照合により、秘められていた真理が徐々に明らかになり、その都度、書物にして発表（『逆転の序曲』シリーズ全６巻／文芸社）する。その後、『大いなる企み』（彩雲出版）、『守宮《やもり》の村』『誤解の効能』『続・誤解の効能』（ともに文芸社）を刊行。さらに真理研究の集大成ともいうべき『あやかし』（本書）を刊行する。

あやかし

──宗教・伝承文化に隠された真理を明らかにする

平成29年5月21日　初版第1刷発行

著　者　竹山正子
発行者　鈴木一寿

発行所　株式会社　彩雲出版　埼玉県越谷市花田4-12-11　〒343-0015
TEL 048-972-4801　FAX 048-988-7161

発売所　株式会社　星雲社　東京都文京区水道1-3-30　〒112-0005
TEL 03-3868-3275　FAX 03-3868-6588

印刷・製本　中央精版印刷株式会社

ISBN978-4-434-23371-5

定価はカバーに表示しています